D1666481

Jesús Higueras

PARA ANDAR CON DIOS POR CASA

NIHIL OBSTAT
Madrid, 11 de junio de 2002
Ilmo. Sr. D. José María Bravo Navalpotro
Vicario Episcopal

IMPRIMATUR
Madrid, 13 de junio de 2002
Ilmo. Sr. D. Joaquín Iniesta Calvo-Zatarain
Vicario General

Edita: Ediciones Confía
econfia@econfia.com
www.econfia.com
Impreso en: Gráficas Confía, S.L.L.

ISBN: 84-95816-01-06
Depósito legal: M-26968-2002

Distribuye: MARBLEARCH
Tfnos.: 636 222 623
          91 352 07 53
e-mail: marblearch@ya.com

A mis padres
A mis feligreses
A Josefina

Presentación

No quiero darte gato por liebre. Las páginas que ahora están en tus manos no nacieron de un afán literario que Dios puso en mi corazón (de momento sigue sin hacerlo). Sino más bien de una petición que un momento concreto (febrero 2001) me hizo un conocido periódico acerca de las homilías que pronunciaba los domingos en la Parroquia Santa María de Caná.

Muy escéptico del éxito de la publicación de los «sermones» comencé la aventura de enviar semanalmente la reflexión que esperaba compartir en la Parroquia con mis hermanos en la fe, bajo el título «Una y media» (que es la hora de la Misa en la que digo esa homilía).

Ha pasado ya un año y medio, y de momento no me han «echado», es más, me invitan, con cariño a seguir poniendo cada domingo unas breves líneas que puedan llevar luz y esperanza a los corazones.

Así nace este libro, desde el deseo que Dios se haga un poco más cercano a tu vida, y con la ilusión que al terminarlo, el Espíritu Santo te haya ungido de tal forma que experimentes de un modo claro la presencia maravillosa de Dios en ti.

ASÓMBRATE

Lc 5, 1-11

El otro día me regalaron un libro con un título que en principio podría parecer irreverente, un libro de José María Rueda: «¿Cómo eres Dios?, ¡Dios, cómo eres!». Pero ese título expresa muy bien el asombro del descubrimiento del modo de ser de Dios. Asombro que aparece en el apóstol Pedro, después de haber visto cómo el Señor le manda echar la red y la saca llena de peces, hasta arriba. Se tira a sus pies exclamando: *Apártate de mí, que soy un pecador* y todos se quedaban asombrados.

Estamos tan «acostumbrados» a Dios… Desde pequeños hemos visto cuadros, crucifijos, un arte magnífico, una cultura religiosa, que ha formado parte tanto de nuestra historia como de nuestra identidad. Esto es bueno y es positivo, pero hemos perdido tal vez la capacidad de asombrarnos ante la experiencia de Dios. El Evangelio, lo que nos plantea a muchos creyentes es un reto, el reto de recuperar nuestra capacidad de asombro. Esa frase que hoy en día dice tanta gente: «qué alucine». Qué alucinante ha sido, ver una película buena, qué alucinante ha sido la primera vez que le he dicho a una persona que la quería, qué alucinante y qué maravillosa ha sido la experiencia de la primera vez que he visto el rostro de mi hijo, o cuando el medico me ha anunciado la sanación de una persona muy querida, porque el ser humano sigue teniendo una capacidad muy grande para asombrarse, para asombrarse de la belleza, para asombrarse de la ternura, para asombrarse de tantas cosas que no somos conscientes que están dentro de nosotros y que sin embargo forman parte de nuestro tesoro personal.

Deberíamos preguntarnos si Dios es capaz de asombrarnos, o si por el contrario se nos ha metido ya en nuestra práctica religiosa, en nuestro modo de vivir el Evangelio tal rutina, tal acostumbramiento que todo nos parece igual. Siempre son los mismos sermones, siempre son las mismas cosas las que nos dicen los curas, siempre cabe esperar lo mismo de las personas creyentes. Sin embargo para el creyente que ha tenido un encuentro con Cristo y que ha sabido hacer una lectura profunda de la intervención de Dios en su vida, no debería de dejar cada día de abrir la boca y decir: Dios mío, ¡cómo eres!, ¡cómo te portas conmigo!, ¿por qué tienes tanto interés en mí?, porque si no, es muy posible que terminemos como tantas veces se nos ha reprochado desde ámbitos no creyentes, con una fe aburrida,

Podríamos recuperar nuestra capacidad de asombro ante Dios, si fuéramos capaces de recuperar nuestra posibilidad de ser orantes, de sacar un rato cada día para charlar con Él, para escucharle, para contarle, para dejarnos llenar, para cargar las pilas espirituales.

Señor, que yo siempre me asombre ante tus cosas, que no te trate como a uno más, sino que seas siempre alguien especial, que yo tenga ojos para ver y para comprender que todo lo que haces siempre, y especialmente aquello que es menos llamativo y menos conocido es algo espectacular. Lo menos importante es a veces lo más bello si está tu mano Señor, encima de ello.

SEGURIDAD

Lc 6, 17, 20-26

Todo ser humano ha nacido para encontrar la felicidad. Es incuestionable. Por eso, Jesucristo, en su primer discurso importante habla de felicidad, que es lo que quiere decir bienaventuranza. Ya antes, Jeremías se atreve a poner una maldición en labios de Dios: *maldito el que confía en el hombre y pone en la carne su fuerza.* Esto es, en definitiva, lo que nos podría estar pasando a todos nosotros, cuando ponemos nuestra confianza en las cosas humanas.

Si nos hiciéramos una pregunta muy sencilla –¿dónde está mi seguridad? ¿Qué es aquello que más seguridad me da en la vida?–, veríamos como la ponemos muchas veces en las cosas que tenemos, en el dinero de una cuenta corriente, en una casa, en un coche, en unas vacaciones, en una buena figura física, en un aplauso social, en una posición bien ganada, en un sueldo, e incluso en una persona.

Jesucristo es capaz de ir mucho más allá de todo eso y decir que ésos no son los motivos para que un hombre esté seguro y encuentre así la felicidad. Que mientras vivamos en un mundo en el que se nos mide por lo que tenemos y se nos admire por lo que parezcamos y no por lo que seamos en el corazón, nunca vamos a encontrar la verdadera felicidad. Por eso Jesucristo dice que felices son los pobres, los que lloran, los que tienen hambre, los que son perseguidos por causa de la justicia. Porque todas esas personas han sido capaces de sobrepasar las fronteras del puro tener, y siguen siendo humanos, y siguen teniendo la misma dignidad, y siguen amando a todos y siendo los amados de Dios, y en definitiva deberían ser los amados de los hombres aunque no tengan nada.

Qué fácil es rezar, sonreír, ser optimista y llevarse bien con la vida, cuando tengo de casi todo. Tengo familia, tengo una modesta posición económica, tengo trabajo, tengo, tengo… Pero, ¿qué sería de mi estabilidad emocional, o de mi fe si me faltaran las cosas que tengo? –la salud, mi puesto de trabajo, mi familia, mi dinero…– ¿sería siempre el mismo ser encantador que creo ser ahora? En la medida que yo cifre todo mi bienestar, incluso espiritual, en las cosas que tengo, me estoy equivocando. Las Bienaventuranzas son una llamada a poner nuestra mirada en la trascendencia. Lo que hoy tenemos, pasa, termina, no es fuente de felicidad, y mientras que un cristiano no esté convencido de esto, mientras que un cristiano no haga una opción verdadera por buscar el reino de Dios y su justicia, es decir, por buscar primero las cosas del corazón, las que no se ven, las cosas de la intimidad con Dios antes que las cosas materiales, se está equivocando. ¡Cuántos problemas innecesarios aparecen por no tener esto claro! Si te preguntaran ahora mismo cuál es el motivo de tu tristeza, de tu dolor, te darías cuenta que no eres capaz de renunciar a tantos dones, no solamente materiales, sino también personales y espirituales que tienes. No te define lo que tienes, te define lo que eres. ¿Quién eres? ¿Qué quieres? ¿Cuál es tu concepto de felicidad? Son las preguntas que te hace el Señor en el Evangelio.

PERDÓN

Lc 6, 27-33

Cuando vemos en la televisión escenas dramáticas, surge de un modo espontáneo la compasión hacia las personas que sufren un daño. Pero cuando ese sufrimiento está motivado por personas concretas, desalmadas y crueles, junto a la compasión por las víctimas surge la rabia, la ira y el deseo que los culpables reciban un grave daño.

Cuando el Señor nos llama a amar a los enemigos, a ser comprensivos, a no condenar, no significa una invitación a ser blandos, cobardes y tontos. Todo lo contrario. Solo el fuerte, el valiente, el justo es capaz de sobreponerse a las emociones que le embargan y actuar, incluso con el deseo, de un modo humano y ecuánime.

Todos sabemos que el verdadero amor, también el amor a los enemigos, se fundamenta en la justicia; de tal modo que sin justicia no puede darse el amor verdadero. Justicia y amor se necesitan mutuamente.

Por eso, el Evangelio nos llama a no condenar, a no juzgar, a ser compasivos y esto no es una utopía, sino un modo de ser, que tanta gente buena a lo largo de los siglos ha sido capaz de realizar.

No podemos ser como aquellos que nos hacen daño, no podemos permitir que el odio, la ira y el rencor aniden en nuestro corazón, hasta que lo envenenen y retuerzan, de tal modo que al final recibiríamos un doble daño: el que nos hicieron en el fuero externo y el que nos siguen haciendo en el fuero interno.

El cristiano es el hombre del perdón, que diariamente se libera de sus rencores, pues al mirar a Aquel que en la cruz perdonó a sus verdugos, se siente capaz de superar su rabia y dolor, y junto a incontables generaciones de mártires (anónimos muchos de ellos), es capaz de decir a aquellos que le hacen daño: «No insistas, hay un santuario dentro de mí, más íntimo que yo mismo en el que tú y tu crueldad no podéis entrar. Ese santuario está limpio y desde él te perdono, te deseo el bien, que te des cuenta del daño que haces, que rectifiques, que dejes de renunciar a tu propia dignidad y que vuelvas a ser aquello para lo que recibiste la vida: autor del bien».

Todos deberíamos preguntarnos cómo vivimos diariamente la Buena Noticia del perdón y de la compasión. La pregunta es muy sencilla: ¿A quién deseo el daño o a quién se lo estoy haciendo? Con mis críticas, con mi ira o intolerancia ante sus defectos, o con mi distanciamiento. Y veremos como el perdón hay que vivirlo primero en la familia, donde tantas veces hay rencores: hermanos que no se hablan por supuestos repartos de beneficios; hijos que sus padres les dan de todo y cuando reciben un «no», se solivianan y enfurecen contra ellos; esposos que al no ponerse de acuerdo, optan por la incomunicación y la indiferencia. Y es que el perdón abarca todos los ámbitos de las relaciones humanas (familia, trabajo, ocio, etc…), de tal modo que un mundo sin perdón supondría un regreso a la jungla, un volver a imperar la ley del más fuerte, del más duro. Necesitamos perdonar. Que sea ésta nuestra súplica. ¡Señor, ayúdame a no guardar rencor! ¡Enséñame a perdonar!

JUICIOS

Lc 6, 30-45

Hace unos días paseaba por una calle a la que no iba desde pequeño. Las casas que veía aparentemente eran las mismas y daba gusto comprobar que mis recuerdos eran fieles a las cosas tal y como eran. Todo era igual menos un detalle: en una de las casas, en el jardín donde yo tantas veces había estado de pequeño, entonces lleno de flores y con una huerta llena de frutos, estaba abandonada. Ahora en lugar de esos frutos y esas flores, había maleza; muchas ortigas, muchos cardos. Y eso me sirvió para acordarme que, así como el jardín que es cultivado da frutos cuando se le atiende con cariño, así es el alma de la persona que quiere cultivarse y que quiere cuidar también de dar a tiempo esos frutos.

De algún modo esto es lo que nos quiere decir el Evangelio. *¿Qué árbol malo da frutos buenos o que árbol bueno da frutos malos?* Cuando el Señor dice: *¿cómo te atreves a quitar la pajita que tiene tu hermano en el ojo cuando tú tienes una viga?*, nos advierte que antes de mirar cómo están los jardines de alrededor, que miremos también como está nuestro propio jardín. Porque, también lo dice en el Evangelio, *de lo que sobreabunda en el corazón, habla la boca.* Muchas veces descubrimos que somos muy prontos a la crítica, nos encanta enjuiciar, condenar a los demás, viendo con facilidad sus defectos y sus fragilidades, y sin embargo nos olvidamos que primero deberíamos mirar dentro de nosotros mismos. Es más, incluso esas condenas y esos juicios que hacemos, en algunas ocasiones son un reflejo de esa condena y de ese juicio que yo me estoy haciendo a mí mismo o que está sucediendo en mí. *El que es bueno,* decía el Señor, *de lo bueno que hay en su corazón, saca cosas buenas.* El que tiene el corazón lleno de hieles, de retorceduras, de rencores, manifiesta al exterior esas hieles, esos rencores y esas retorceduras.

Tendremos tal vez que ocuparnos un poco de cultivar y de mirar primero dentro de nuestro corazón antes de mirar en el corazón de los demás para ser auténticos. Y esto no significa que el cristiano siempre tenga que callarse ante las cosas que estén mal hechas. Pero nunca enjuicia a la persona. Se dice siempre que se juzga al pecado pero no al pecador. Así el Señor decía que *el que esté sin pecado que tire la primera piedra,* dándonos a entender que nosotros no tenemos autoridad moral para juzgar a nadie, porque ¿quién sabe su historia? ¿Quién conoce sus limitaciones, quién conoce sus miedos, sus mismas enfermedades, etc...? Alguna vez se ha dicho que un hombre queda definido por tres parámetros: su historia, su biología y su libertad. Y sólo hay alguien capaz de conocer toda la historia, hasta la más olvidada de un ser humano. Sólo hay alguien que es capaz de conocer de un modo exhaustivo, hasta lo más íntimo, la biología de un ser humano. Y sólo hay alguien que es capaz de conocer de un modo completo, hasta en lo más dudoso, la libertad de un ser humano. Y ése es Dios. Por eso el juicio es de Dios. Nosotros no podemos juzgar más que nuestro propio jardín. Cuidar que esté fresco, y que dé frutos. Y si en nuestro jardín y en nuestra alma hay cosas positivas, veremos de un modo positivo el de los demás. Sólo el bueno sabe ver lo bueno y sólo el malo sabe ver lo malo.

Deberíamos preguntarnos todos cuál es mi actitud hacia los demás: de juicio, de condenación, de exigencia, o es una actitud positiva, comprensiva. Porque de lo que sobreabunda el corazón, sin duda ninguna, habla la boca.

TENTACIÓN

Lc 4, 1-13

Hay que reconocer que, algunas palabras que se han utilizado siempre en la Iglesia para definir realidades ya están pasadas de moda e incluso dan risa: la palabra pecado, la palabra soberbia y en el caso de hoy la palabra tentación. El Evangelio nos habla de la tentación como posibilidad en la vida de Jesús y de tentación como posibilidad en nuestra vida.

Ya nos gustaría ser perfectos, ya nos gustaría que todo lo hiciéramos siempre bien, pero no es así. Todos sabemos que dentro de nosotros hay un mecanismo, un resorte misterioso por el cual yo puedo elegir el mal, puedo elegir el daño, puedo elegir el destruir a los demás e incluso destruirme a mí mismo. Cuando yo escucho ese principio interior de destrucción, tengo dos posibilidades: reconocerlo o disfrazarlo. Y ésa es la misión del tentador. Disfrazar la destrucción de belleza, disfrazar la verdad de mentira, entonces es cuando yo cometo esa falta llamada pecado.

Hoy todos debemos preguntarnos cuáles son nuestras tentaciones. Tentación en el sentido más profundo de la palabra. Cuantas veces disfrazamos lo malo de bueno, porque no hemos sido capaces de vivir unos principios y acabamos cediendo a ellos justificándolos. Cuando uno no vive como piensa, acaba pensando como vive. Así hoy vivimos en un mundo en el cual se puede justificar todo. Aparentemente todo está bien mientras que no moleste a los demás, mientras que no haga daño. Hay un acuerdo universal de que cada uno haga lo que quiera, de que cada uno ponga su propia ética. Ante esto, Cristo nos enseña que el hombre no puede encontrar en sí mismo el principio que da la moralidad a las cosas. Yo no soy autónomo. He de tener la suficiente humildad intelectual para reconocer que hay Alguien fuera de mí que es quien me dio la vida y me dio el ser, que es Dios y me dicta qué es lo bueno y qué no lo es. Por eso Jesús ante la tentación recurre a la Sagrada Escritura: «*Está escrito…*».

A veces, siendo cristianos practicantes, cedemos a la tentación de hacer un cristianismo a nuestra medida, olvidándonos de las leyes de Dios y de las leyes de la Iglesia. Incluso hay personas que dicen: «yo no estoy de acuerdo con el Magisterio, o yo no estoy de acuerdo con el Papa en esto».

Nos atrevemos a hacer nuestra propia religión según nuestras propias necesidades y tenemos que ser lo suficientemente humildes para saber que yo puedo equivocarme y que incluso me puedo equivocar justificando mis errores y que siempre tendré el servicio de un Dios que, a través de la Sagrada Escritura y a través de la Iglesia, que es Madre, enseña dónde está la verdad.

Vivimos en un mundo en el que sobran justificaciones de acciones que sabemos que están objetivamente mal hechas. Por eso, que el tentador no nos engañe más, que estemos siempre alerta para tener cuidado. En el tiempo de Cuaresma debemos estar más atentos y más sensibles a los engaños, ya vengan de dentro o de fuera. Que tengamos la suficiente humildad para reconocer que siempre Dios es Dios y nosotros no somos dioses, y por tanto no somos los autores del bien y del mal, sino que nos es dado reconocer el bien y nos es dado también con nuestra libertad acogerlo y realizarlo

DOLOR

Lc 9, 25-36

Hay un cuento de niños en el que las avestruces, cuando ven acercarse algún peligro, esconden la cabeza debajo del suelo, pensando que si no lo ven deja de existir. Así hacemos nosotros, muchas veces, con todo el misterio del sufrimiento humano. Cuando los telediarios o las revistas nos muestran imágenes de dolor, el recurso más fácil es volver la cara, cambiar de canal o incluso decir: «¡Dios mío, qué espanto!», y poco más.

Pero por más que nos resistamos, el sufrimiento está siempre muy presente, bien en personas cercanas, bien en tantos hermanos de otros países y culturas. Y ante esto, no podemos dar la espalda. Muchas veces buscamos un camino para dar sentido y razón al dolor, algo por lo que merezca la pena no desesperanzarse, no arrepentirse ni de ser humano ni de tener fe en un Dios que es Padre y es Creador.

Éste no querer volver la espalda al sufrimiento es lo que Jesucristo nos enseña con la Transfiguración: Él acababa de decir a sus discípulos que subía a Jerusalén para padecer y ser ejecutado y, como sabe que le van a ver crucificado, quiere llenarles de esperanza y les enseña su lado más bello. Porque sólo aquel que sabe descubrir la belleza o el lado más bello de cada ser humano, es capaz después de seguir amándolo aunque ese ser humano quede deformado o transformado por el sufrimiento.

Es lo que decía la madre Teresa de Calcuta cuando recogía a los enfermos o a los moribundos por las calles, y sabía descubrir en ellos la misma belleza del rostro de Cristo, pero sumergido en el dolor.

¿Cuál es nuestra actitud ante el sufrimiento? Ante las personas que cerca, dentro de la familia, padecen una enfermedad,

¿les damos la espalda o afrontamos la situación? Dice el Evangelio que estaban en una nube contemplando el verdadero ser de Cristo, lo que de verdad se esconde tras las apariencias. Queremos profundizar en la razón por la cual Dios permite todavía hoy el sufrimiento humano. Por eso, más allá de la primera máscara del dolor desfigurada, existe en cada ser humano que sufre, un fondo de belleza, de transfiguración: un fondo único e irrepetible. Y sólo cuando sabemos reconocer esa dignidad humana, aceptamos al sufriente y aceptamos al que nos hace sufrir. No tenemos que mirar el dolor, que en sí, no tiene ningún sentido, sino a la persona que lo sobrelleva, en la cual se asienta ese dolor y que por más que quiera, nunca le quitará una gota de dignidad humana. En Cuaresma, deberíamos todos acercarnos un poco más al mundo del dolor, y saber descubrir en cada persona que está sufriendo ese verdadero rostro transfigurado de Cristo. Podría preguntarme cómo está siendo mi limosna, no tanto la limosna material sino la limosna de mi tiempo, de mi cariño, con quien sufre a mi lado. ¿Sé encararme con el dolor y descubrir ese rostro transfigurado que hay dentro de cada ser humano? Entonces sí: comprenderemos que Cristo se transfiguró para que sus apóstoles soportaran el escándalo de la pasión, sabiendo que detrás de ese hombre crucificado existía un hombre hermoso. También nosotros necesitaremos de muchas transfiguraciones para sobrellevar el escándalo del sufrimiento de las personas más amadas, para descubrir que es su belleza la que nos sostiene en el amor.

SACERDOTES

(En la fiesta de San José)

Todos los años celebramos la fiesta de San José, en la que los cristianos contemplamos la gran confianza que ha puesto Dios en sus criaturas: es para asombrarse cómo las dos personas más amadas que Dios tenía en la tierra, María y Jesús, las confía a un hombre frágil, que por su sencillez ni siquiera aparece pronunciando una palabra. Así es la pedagogía divina: las cosas más grandes, valiosas y bellas, se las confía a los seres más débiles, para que se vea, dice San Pablo, que todo es gracia.

Y, análogamente, al pensar en la figura de San José, el «cuidador» de Cristo, pensamos también en el sacerdote, aquel hombre frágil al que se le encomienda que proteja y custodie con cariño, contando con sus limitaciones, los tesoros que Dios ha dejado en la Tierra para que nos acerquemos a Él. Esos tesoros son: la Palabra de Dios, los Sacramentos y, por supuesto, el servicio al Pueblo de Dios para conducirlo hasta esa meta que es el Cielo.

Corren tiempos en los cuales está de moda meterse con los sacerdotes. Parece que los medios de comunicación están deseando ver la más mínima fisura en el mundo sacerdotal para cebarse en ello. Sin embargo, los cristianos de siempre, no se escandalizan farisaicamente ante el misterio de fragilidad de su pastor, de sus sacerdotes, como se guarda silencio ante los errores de una madre, que no es perfecta, pero que se la quiere. Y a la vez que los comprenden, agradecen y reconocen esa generosidad de tantos cientos de miles de sacerdotes que anónimamente han ido gastando su vida, generación tras generación, en seguir transmitiendo el Evangelio, llevando al pueblo de Dios hacia el Cielo, anunciando semana tras semana o incluso día tras día las maravillas de Dios con los hombres. Así, en el día de San José, todos los cristianos miramos al corazón de la Diócesis, que es el Seminario, de donde esperamos que salgan sacerdotes entregados, sacerdotes que deseen ser santos, apasionados y enamorados profundamente de Jesucristo.

¡Cuánto necesitamos del sacerdocio! Seguramente, en nuestro empeño por ser buenos cristianos, hemos escuchado muchas veces una palabra oportuna que nos ha animado a seguir adelante, puesta en labios de un hombre frágil pero que ha querido ser de algún modo Cristo en la Tierra, y nos ha beneficiado y nos ha hecho tanto bien.

Hoy es un día para agradecer, sin duda ninguna, el don del sacerdocio. ¡Cuánta gente dice que cree en Dios pero no cree en los curas! Una frase tan famosa, a la vez tan llena y tan vacía de sentido. Porque, por un lado, claro que no creemos en las personas, ya que son falibles y nos pueden fallar; pero sí creemos en el sacramento que tienen que encarnar y hacer real esas personas, los sacerdotes. Aman tan apasionadamente a la Iglesia que han entregado sus vidas y se les ha ido gastando como lo hace esa lamparilla del sagrario, que no vale en sí misma nada, pero indica dónde está el Señor.

Muchos sacerdotes, cuando hablas con ellos, te cuentan sus luchas, sus ilusiones, y valoras cómo en todos ellos, sus sueños son que los demás se llenen de Dios, que los demás estén más cerca de Él, que tengan más paz, que sean más humanos, que sean más divinos.

Por eso, es día de reflexión, de agradecimiento y petición a Dios para que siga dando vida a sus sacerdotes, les renueve la ilusión en su sacerdocio y así, nunca falten en las comunidades cristianas pastores que, con su vida y con su ejemplo, sean faro que ilumine las tinieblas. El sacerdote en su fragilidad sigue siendo un constante recordatorio de la presencia divina en la tierra. Porque Dios no nos quiere apabullar con un despliegue de poder que nos dejara asombrados, sino que la fuerza de Dios se realiza en la debilidad del hombre.

TODO ES DON
Lc 15, 1-3. 11-32

Desde pequeños, nos hemos acostumbrado a escuchar la parábola del hijo pródigo sin cuestionarnos su título, sin embargo, muchos hoy en día están de acuerdo en que deberíamos cambiárselo por el de «La parábola del padre bueno». Porque si hay algo que nos llame la atención, no es el hijo pródigo en el que tantas veces nos vemos reflejados cada uno de nosotros, ni siquiera en ese hermano mayor que representa un tipo de religiosidad un poco ajada y ritualista. Sobre todo, lo que sigue llamando la atención es la figura del padre, que a pesar de que su hijo se marcha, haciendo daño y dejando heridas abiertas, siempre está con los brazos abiertos, aún a riesgo de parecer tonto. De hecho, en la parábola, al verlo de lejos, se conmovió, echó a correr, se le tiró al cuello y le llenó de besos. Así expresa Jesús el gozo y la alegría de Dios, su ternura y absoluto amor por sus hijos.

Creo que los dos hermanos coinciden en algo: ninguno de los dos valora a su Padre ni se dan cuenta del gozo que supone vivir con Él. Por eso, el pequeño se marcha y el mayor se aburre, dos actitudes que debemos cuidar para que no se hagan realidad en nuestra vida espiritual.

En el fondo, ninguno supo vivir el amor agradecido que define a todo buen hijo, y especialmente a los hijos de Dios. Dicen que a todo nos acostumbramos cuando se hace reiterativo, pero la lucha constante del cristiano debe incidir en saberse hijo de Dios y vivir como hijo de Dios, sin acostumbrarse a ese misterio de entrega, de donación, de regalo que es Dios. Porque Dios es el gran regalador. Todo nos lo ha regalado: la fe, la vida, los hijos, los hermanos, la salud, el poder reír, pensar… También nos regala el poder convertir el dolor y el sufrimiento en escuela de amor y en motivo de crecimiento, porque, «Todo es don» decía Santa Teresita del Niño Jesús, y sólo el que va viviendo la vida dando gracias por todo, sabe descubrir la belleza que hay a su alrededor y dentro de sí mismo, y vive feliz.

Da grima estar con esas personas que sólo saben quejarse, ver lo malo, incidiendo siempre en el lado negativo de las cosas, creyéndose más listos que los demás porque critican más o suponen segundas o terceras intenciones en las cosas. Ellos mismos están cansados y cansan a los demás.

Y da gusto estar con esa gente buena, que sabe desdramatizar las dificultades de la vida, y ve lo bueno y se goza en el bien, aunque a veces parezca tonto o ingenuo, no le importa lo que parece, le importa lo que es.

Dicen que ante una botella por la mitad caben dos posturas: «¡qué bien!, queda media botella» o «¡qué horror!, falta media botella». Debemos preguntarnos en qué postura nos situamos, en la positiva o en la negativa.

El cimiento de la vida cristiana es la filiación divina, que es la hermana gemela de la humildad. Ninguno de los chicos de la parábola se sabía hijo, porque ninguno valoraba los dones y los regalos que el Padre les daba continuamente. Y sobre todo el mayor de los dones: estar con el Padre y saber que todo lo del Padre era de ellos. Se perdieron el gozo de estar con Dios, disfrutar de su compañía, de su dadivosidad.

En la Cuaresma, le pido a Dios la conversión al amor agradecido, que la palabra «gracias» esté constantemente en mi mente, en mis labios y en mis afectos. ¡Se goza tanto con Dios! Depende sólo de nosotros la interpretación que demos a los acontecimientos, e incluso esto también es un don del Cielo que lo recibe aquel que lo suplica y se esfuerza en recibirlo.

CONDENAS

Lc 8, 1-11

Recuerdo cómo en el colegio, de pequeños, cuando alguno hacía una trastada en clase, temía levantar la mano si el profesor preguntaba quién había sido, porque todos esperábamos el castigo correspondiente a nuestra infracción. Sólo los muy valientes levantaban la mano, decían «¡he sido yo!», y aguantaban con estoicismo lo merecido.

Si ésa es la mente de los hombres, no es la de Dios. El Evangelio lo corrobora, pues es sorprendida una mujer en flagrante adulterio, y reconociéndose pecadora espera el castigo. Pero no el castigo de Dios, porque Dios no castiga. Esto es una cosa que todavía no hemos acabado de comprender: somos nosotros los que castigamos, somos los hombres los que siempre buscamos necesariamente «un cabeza de turco», alguien en quien descargar nuestro sentimiento de culpabilidad, pensando que si condenamos a otros y hacemos del otro la personificación del mal, nosotros nos sentiremos más liberados de nuestras culpas o de nuestros sentimientos de culpabilidad. Sin embargo, qué bonito es ver cómo Jesús, que tantas veces había dicho que el Hijo del hombre no ha venido para condenar sino para salvar, hace realidad esta sentencia cuando se encuentra con la mujer adúltera. *–Mujer, ¿quién te condena?* –Nadie, Señor. Y el Señor contesta inmediatamente: *–Pues yo tampoco te condeno.* Él, que no había cometido pecado, que es el único inocente, y tampoco experimentó lo que era hacer daño, al no lo conocerlo para sí mismo, no lo quiso conocer para los demás.

¡Cuántas veces tenemos aún esa idea de un Dios que está con la lupa mirando nuestros pecados, para ver el más mínimo resquicio y provocar así nuestra condenación! Qué caricatura tan falsa de Dios y qué idea tan equívoca es atribuir a Dios la tarea del Maligno, pues en el libro del Apocalipsis, para describir al demonio se le llama: *El acusador de nuestros hermanos, el que los acusaba ante nuestro Dios día y noche* (Ap. 12,10). Es propio de Dios salvar y es propio del Maligno condenar, destruir y acusar sin piedad. Es propio de Dios sanar las heridas, cambiar los corazones, ensalzar a los humildes que reconocen sus humillaciones.

Si entendiéramos la frase *misericordia quiero y no sacrificios*, veríamos que no tenemos ninguna autoridad moral para condenar a nadie, para juzgar a nadie, para criticar a nadie, para decir nada de nadie. El Señor lo dice en el Evangelio: *El que esté sin pecado, que tire la primera piedra*, que se atreva a empezar, porque, ¿quién está limpio ante Dios?, ¿quién puede decir que sus pecados son menos importantes que los pecados de los demás? ¿Quién puede decir al hermano: «Yo soy mejor que tú»?

Cada uno a nuestro nivel, según las luces y los dones que ha recibido, hemos de tener la honestidad y la honradez de reconocernos frágiles y limitados ante Dios, de no tener miedo a reconocernos pecadores. Porque al revés que en la sociedad civil, cuando uno se declara pecador es cuando está absuelto, y cuando uno no reconoce su culpabilidad, es cuando arrastra la culpa para siempre. Por eso condenamos con tanta facilidad a los demás, porque en definitiva no queremos sentirnos culpables o responsables de nuestras obras malas.

Qué inteligente es el Señor, cuando al despedirse de la mujer, le dice: *Yo no te condeno, vete y no peques más*. Porque perdonar no significa aprobar, ni aplaudir o decir que no ha pasado nada. Significa reconocer el error, y volver a dar la oportunidad a aquel que quiere realmente cambiar.

Simplemente dos preguntas al final de esta reflexión: ¿Qué escribiría el Señor en la tierra?, y segunda pregunta: ¿dónde estaba el hombre con el que la mujer pecó?

VIAJA DENTRO DE TÍ

(Semana Santa)

En Semana Santa es muy frecuente, al encender la televisión o leer los periódicos, encontrar ofertas maravillosas para las próximas vacaciones: viajes exóticos a lugares insospechados y con unos precios muy atractivos. Se trata de conseguir al mínimo precio la máxima emoción.

Así como el mundo nos ofrece en vacaciones de Semana Santa una distracción, buscando fuera de nosotros mismos el bienestar y el gozo, la Iglesia Católica también cada año por estas fechas ofrece un viaje maravilloso: un viaje al corazón de Cristo, un viaje a conocer sus sentimientos considerando el acontecimiento más importante de la historia de la humanidad.

Y todo por un precio que no es exactamente el más barato, puesto que para poder realizar ese viaje, hay que pagar el precio de encontrarse con uno mismo.

Es necesario detenerse y afrontar preguntas como «quién soy yo», «de qué va la película y la aventura de mi vida», en definitiva saber de qué voy por la vida.

Así, durante estos días, no solamente veremos procesiones, oficios litúrgicos, sino que sobre todo, nos admiraremos con una fe profunda, ante el misterio de ese hombre extraño que reclamaba para sí la divinidad, que se dejó clavar por nosotros en un instrumento de tortura, para decirnos con ese gesto todo lo que tenía que decir. Es verdad que desde pequeños se nos explicó que Dios es amor, y que el misterio del amor es entregar incondicionalmente lo que uno es. Así es Dios: lo entrega todo, no se reserva nada y se da por completo, sin dejarse ni una gota de su vida en el tintero.

La cruz que siempre ha presidido nuestras celebraciones de Semana Santa, es el gesto máximo de la incondicionalidad del amor de un Dios que te dice con todo el cariño: ¡Ya estás salvado! ¿por qué sigues siendo esclavo de tus miedo y sigues sufriendo innecesariamente?, ¿por qué sigues buscando fuera de ti lo que sabes que está dentro de ti? Así, vivir la Semana Santa para un cristiano, no es más que seguir los pasos que dio conscientemente el Hombre-Dios para realizar la gran aventura de convertirse en el Señor de los hombres, de nuestras fragilidades, limitaciones, y miedos. Ésa sí que es una aventura fantástica: intentar conocer los recovecos del alma de Cristo, de su mente, de su personalidad, sabiendo que Él nos deja un ejemplo para que sigamos sus huellas. Sólo tomándole a Él como modelo, como punto de referencia, encontraremos realmente nuestra identidad.

En verdad no sirven los viajes, ni las aventuras, ni todo aquello que la sociedad nos ofrece para encontrar el descanso. Jesucristo decía muchas veces: V*enid a mí todos los que estáis cansados y agobiados y encontraréis el verdadero descanso.*

Millones de personas saldrán estos días a descansar, pero a descansar ¿de qué?, ¿de la tensión, de los propios defectos, o del agobio que me da no ser feliz? Entonces el descanso se convierte en realidad en una anestesia, que adormece los problemas pero no los soluciona una huida de nosotros mismos.

Cristo crucificado y Cristo resucitado es la palabra definitiva que Dios pronuncia para la humanidad. En Semana Santa tenemos que ser valientes y embarcarnos en la aventura de intentar comprender el verdadero descanso, qué nos quiso decir Cristo en la cruz entregando su vida por nosotros, pues sólo el que da todo y se queda sin nada, es aquel que realmente llega a la plenitud. Cuanto más nos vaciemos de nosotros mismos y más nos llenemos de Él y del amor que tiene por todos los hombres, seremos más humanos, seremos más plenos, seremos más felices.

La oferta del Señor de Semana Santa no es tanto viajar, divertirse, reír. Eso está bien y a veces es necesario. Pero sobre todo la oferta es: haz un parón, pregúntate qué es lo que te está haciendo daño, encuéntrate contigo mismo, mira bien la cruz y en esa cruz, en ese gesto, en ese lavar los pies, en ese entregar su Cuerpo y su Sangre, en ese darse del todo a ti, encontraras un modelo, para que tú, haciendo lo mismo, te encuentres a ti mismo, encuentres el verdadero sentido de tu vida y tomes ese descanso que tanto deseas.

Semana Santa son días de descansar, por supuesto; descansar en Dios, descansar en nosotros mismos.

RESURRECCIÓN

(Pascua)

No se puede dudar que el hombre es un luchador nato. A lo largo de la historia diferentes retos han sido conquistados por el hombre que, utilizando su inteligencia y voluntad, ha llegado a cumbres impensables. Sin embargo, todo ser humano, en un momento concreto de su vida, ha tenido que librar una batalla cuyo desenlace es la derrota: ni su inteligencia ni su voluntad son capaces de superar a un enemigo como es la muerte.

Por eso, ante la muerte, el ser humano siempre ha enmudecido. La muerte es la expresión máxima de la impotencia última del hombre y de su falta de dominio de la naturaleza, de sus fuerzas, y de las leyes constantes del crecer, del envejecer y del morir.

Ante esto, el grito de la Iglesia «¡Ha resucitado!» «¡Jesús vive!», es un grito que no solamente llega a unos pocos católicos de comunidades concretas, sino que sobrepasa fronteras, llegando a toda la humanidad, porque es una buena noticia que beneficia a todos los hombres de todos los lugares y de todos los tiempos: es proclamar que la muerte ha sido vencida. La «hermana muerte», como la llamaba San Francisco.

El primitivo anuncio de la Iglesia, en boca de San Pedro, primer Papa, fue el siguiente: *Jesús vive y es el Señor*, el Señor de la vida y también de la muerte. Sí, tiene dominio sobre la muerte: pero Dios no ha querido dejarnos una evidencia, porque la tarea de experimentar la resurrección de Jesús es una experiencia personal, igual que les ocurrió a los discípulos: fueron a ver el sepulcro y estaba vacío, sin centinelas, con la piedra movida, con el sudario bien colocado en su sitio, sólo quedaban indicios de Jesús. Pero, sobre todo, tras las apariciones, les queda la certeza de que algo realmente extraordinario ha ocurrido. Y eso es algo que cada uno de nosotros tenemos que revivir y gozar.

Sólo aquel que desea buscar esos signos de Jesús resucitado todavía presente en su Iglesia, esa vitalidad de una Iglesia que después de dos mil años ha sabido afrontar persecuciones externas e internas, que ha sido capaz de vivir constantemente con renovada ilusión la frescura del mensaje evangélico, esos millones de hombres y mujeres que han encarnado unos valores aparentemente imposibles de vivir, siguen diciéndonos que Jesús vive y es el Señor. Es el Señor de nuestros miedos, de nuestras limitaciones, porque verdaderamente, aquel que le permita ser su Señor, conseguirá que sea algún día el Señor de su propia muerte.

Por eso, éste es el día más importante de todo el año. Ésta es la fiesta que conmemora y actualiza el acontecimiento más importante de la historia de la humanidad: la muerte ha sido vencida. Más allá de los mitos, de las leyendas, de los cuentos infantiles que nos hacen soñar con imposibles, Cristo trasciende todo eso. No fue un pensador más, ni un líder carismático, ni un fundador de una religión más, es el único ser humano, junto con su madre María, que ha vencido a la muerte, y que nos ofrece, para aquel que tenga la humildad de querer aceptar su resurrección, la victoria sobre nuestra propia muerte.

Si aceptáramos cada uno personalmente la resurrección del Señor y tomáramos debida cuenta de qué consecuencias tiene para nuestra vida, especialmente para nuestros miedos y soledades, para nuestras añoranzas de seres queridos, para nuestros deseos de ilusión y de esperanza, la fiesta de hoy sería la fiesta definitiva, la fiesta de la verdad suprema del hombre: siendo un luchador nato, puede vencer por la fuerza de la resurrección a ese enemigo tan poderoso que es la muerte.

Cristo ha resucitado. ¿Hasta qué punto yo hago cierta esa experiencia en mi vida? Me puedo preguntar si he tenido una experiencia real de Jesús vivo, en su Iglesia, en la Eucaristía, en aquellos que se entregan diariamente a los más sencillos y a los más necesitados, y sobre todo de Jesús vivo en mi corazón, que me hace vivir la experiencia de la «novedad», esa novedad, ese estreno de vida que cada uno de nosotros deseamos continuamente. Hay que pedirle al Señor que nos conceda la vida nueva en el Resucitado, que sepamos pensar en los bienes de arriba, en los bienes de Cristo, porque ésa es nuestra meta, la patria y el futuro de la humanidad: la verdadera resurrección de la carne, no solamente la permanencia del espíritu en la trascendencia o en otra nueva dimensión, sino que, además también, nuestra carne algún día volverá a la vida, igual que la de Cristo.

ENSANCHAR EL ALMA

Jn 20, 19-31

Todos hemos visto cómo, cuando llueve intensamente, el cauce de los ríos se desborda de tal modo que puede arrasar con todo lo que hay en las orillas. Esto que en muchos casos puede ser una tragedia, a la larga es beneficioso, pues sabemos que no solamente limpia las márgenes, sino que incluso, al final, el río queda más ancho, se ensancha el cauce e incluso se ensancha el valle que acoge a ese río. Y como la lluvia intensa ha sido para la tierra, así ha sido la Semana Santa para los cristianos y para su corazón; una intensidad de gestos, de palabras, de acontecimientos divinos, que debían ensancharnos el cauce de nuestra alma y dejar que haya una comprensión mayor de la misericordia de Dios.

Hemos pasado esa Semana Santa tan intensa y todos deberíamos preguntarnos si nuestro corazón y nuestra alma han quedado más anchos, han quedado más grandes, con motivo de haber sido testigos de la misericordia de Dios con los hombres.

Y ahora, vemos como Jesús se aparece a sus discípulos, que tenían las puertas cerradas por miedo a los judíos, e inmediatamente les transmite ese *Paz a vosotros,* ese mensaje de la resurrección: «No tengáis miedo, porque sí, yo he vencido a la muerte, he vencido todos vuestros miedos». En muchos lugares, este gesto se vincula a la misericordia divina, porque ocho días después seguimos asombrados, seguimos anonadados de ver el interés tan grande que tiene Dios en el hombre, porque la mente de Dios no es nuestra mente, y a veces pensamos que somos nosotros los que vamos buscando a Dios por la vida, y es todo lo contrario. Es Dios el que busca al hombre, es Dios el que sale a nuestro encuentro para vestirnos un traje de paz, un traje de belleza, de serenidad, y por eso, Jesucristo, ocho días después, se aparece a los discípulos y les dice: *No tengáis miedo, paz a vosotros, mirad mis llagas, mirad mis manos, meted la mano en el costado y no seáis incrédulos sino creyentes.*

A la mente de todos viene esa poesía del siglo de oro español: «Qué tengo yo que mi amistad procuras, qué interés se te sigue Jesús mío, que a mi puerta cubierto de rocío, pasas las noches del invierno oscuras». Todos nos preguntamos por qué el Señor ha sido tan bueno, por qué tiene ese interés en decirme tantas cosas. Y frente al interés divino, el misterio de la fragilidad humana. En el fondo, tenemos que reconocer que no nos interesa Dios, que incluso podríamos decir que tanto Dios nos cansa, nos aburre, porque no nos damos cuenta de que Dios quiere nuestro beneficio, como un padre quiere el beneficio de sus hijos. Ésa es la gloria de Dios: nuestra propia gloria, nuestro bienestar, que seamos sanados de nuestras heridas, que nos queramos de verdad, que seamos hombres completos.

Así, Cristo resucitado, pasados unos días de la Semana Santa y unos días de la Pascua, te vuelve a decir: «No seas incrédulo, sino creyente, no dudes de mí, que me he puesto a tus pies en el Jueves Santo y te he lavado, he promulgado para ti un mandamiento del amor que te va a llevar a la plenitud, me he dejado escupir por ti, me he dejado abofetear y clavar en la cruz, todo por ti, porque nadie te ama como yo».

En un mundo en el que todo ser humano busca ser amado por alguien, el grito de Dios: «Tengo sed de ti, te necesito, te deseo, quiero solamente tu bien» es un grito que todavía tiene que resonar en nuestro corazón. Pero no huyamos del Señor, que no nos resulte incómodo. No hagamos como el apóstol Tomás: si no tenemos pruebas evidentes que se amolden a nuestros conceptos, a nuestros esquemas mentales, nos atrevemos a dudar del amor de Dios por nosotros. Así, Jesús dice: *Dichosos los que creen sin haber visto*. No tenemos por qué pedirle a Dios pruebas, no tenemos por qué pedirle evidencias, nos deben bastar las huellas que ha dejado en la historia de la humanidad y en nuestra propia historia, para comprender o intentar aceptar el amor tan grande que tiene por nosotros.

SÓLO IMPORTA AMAR

Jn 21, 1-19

Cuando un edificio antiguo amenaza ruina es común que los técnicos intervengan con sus propuestas de rehabilitación, presentando complicados estudios y presupuestos, para colocar piezas de hierro o inyectar hormigón que refuerce y dé seguridad a ese lugar deteriorado por el paso de los años.

Del mismo modo que hay técnicos que entienden de construcción, el gran técnico del ser humano, sin duda ninguna, porque en el origen es su autor, es el mismo Dios, el mismo Cristo.

Precisamente de rehabilitación tenemos que hablar hoy. En el tercer encuentro de Cristo resucitado con sus apóstoles, el Señor quiere rehabilitar a Pedro; después de su triple negación, de su fracaso, de su grandísima debilidad y cobardía, Cristo quiere darle una nueva oportunidad. Y no le hace un examen muy complicado, ni le propone técnicas caras, ni excesivamente costosas: Simón, hijo de Juan –le dijo–, ¿me amas? Porque en el fondo, a Cristo no le importan nuestras fragilidades, no le importan nuestros pecados. Él ya contaba con que nos íbamos a equivocar. Cristo sólo espera del hombre una cosa, que su relación sea de amor. Lo hemos oído tantas veces, que Dios no quiere nuestros sacrificios, no quiere nuestros cumplimientos ni nuestros servilismos, sólo quiere el corazón del hombre, sólo le interesa el amor. Pero no porque vayamos a engrandecer a Dios con nuestro amor, sino porque el mismo Dios sabe que lo único que nos engrandece, que nos embellece, que nos beneficia, es que tengamos un corazón lleno de amor.

Por eso, sólo el amor rehabilita al hombre. Sólo seremos capaces de levantarnos de nuestras fragilidades, de nuestras equivocaciones, de nuestros fracasos, si somos capaces de amar. Así lo decía San Juan de la Cruz: «A la tarde, te examinarán del amor». Porque cuando nos encaremos con la eternidad, o incluso ya aquí en la tierra, cuando nos encaramos con nuestro Dios, la pregunta hecha a Simón Pedro, de algún modo, es una pregunta hecha a cada uno de nosotros: «¿Me amas? Si me amas, apacienta», es decir, expresa ese amor a tus hermanos. No tenemos excusa. Cuántas veces no nos hemos sentido capaces de realizar aquello que Dios nos pide, porque nos parecía difícil o excesivo. Cristo, lo que nos viene a decir es que, con la fuerza del amor, con la fuerza de un amor que nos ha sido injertado por el Bautismo, con la fuerza de un amor que no es humano sino divino, porque el amor de Dios ha sido derramado en nuestros corazones; con la resurrección de Cristo que nos entregó el Espíritu, con la fuerza de ese amor, seremos capaces de absolutamente todo.

Vamos a pedirle al Señor que sepamos que con la fuerza de ese amor ya no cuentan nuestras fragilidades. No nos podemos excusar diciendo: «yo no soy capaz, yo no creo que pueda, a mí no me llama, yo no me veo capacitado». Cuántas veces nos hemos excusado en nuestra aparente debilidad, para no cumplir con las tareas: «yo no me puedo reconciliar con esta persona, yo no puedo vivir una práctica religiosa más intensa». Y el Señor en el fondo te dice: «Pero, ¿me amas?, porque si me amas, quiere decir que mi amor está contigo. Que seas consciente de que yo he resucitado para llenarte de mi amor y de esa fuerza y, por tanto, es verdad que tú sólo no eres capaz, pero con mi amor en ti puedes hacer todo lo que yo te proponga». Lo decía muy bien San Agustín: «Manda lo que quieras, pero dame lo que mandas». Nosotros, hoy le decimos al Señor que con la fuerza de su amor sí nos sentimos capaces, acometeremos todo aquello que Él nos pida, por más duro que nos parezca.

OÍR SU VOZ

Jn 10, 27-30

Recuerdo la decepción de una mujer, que al volver de un viaje por un país oriental, llegó a su casa dispuesta a contar a todos las maravillas que había contemplado; a nadie pareció interesarle su discurso. A ella, que tenía cosas tan bonitas que contar y que explicar a todos, nadie le prestaba atención, cada uno estaba a lo suyo. Decidió, con pena, no contar nada.

Esa decepción también la experimenta Dios cuando no es escuchado por los hombres. Cuando recordamos a Jesús, Cristo dice que sus ovejas son las que escuchan su voz. Pero, ¿cuántas personas hay dispuestas a escuchar de verdad hoy en día la voz de Cristo? ¿A cuántos realmente nos interesa su mensaje, que contiene palabras de vida eterna? ¿Cuántos realmente queremos incomodarnos, desinstalarnos, y dejar que las palabras de Cristo, que son las únicas que dan sentido a la vida, nos cambien y nos transformen nuestra vida?

Tenemos que reconocer que esta sociedad del confort, de la comodidad, del mínimo esfuerzo, nos lleva a evitar todo lo que sea incomodidad y transformación interior, todo lo que sea cambio. Sin embargo, el requisito imprescindible para formar parte de ese rebaño del Buen Pastor es escuchar la Voz. Una voz que resuena en el silencio, una voz que no se impone, que es entrañable. Por eso, en el mundo de la prisa, de los esclavos del reloj, de las agendas que están repletas de actividades por hacer, nos podríamos preguntar los cristianos qué tiempo dedicamos a escuchar la voz del Buen Pastor. Bien lo expresó Simón Pedro, cuando desconcertado decía: *Señor, ¿a quién vamos a acudir?, sólo tú tienes palabras de vida eterna*. Porque escuchar la voz del Pastor significa conocer palabras nuevas que puedan transmitir un mensaje de novedad a mi vida. Es conocer nuevas actitudes que van a tener consecuencias para la eternidad, la mía y la de los demás.

Por eso, ¡qué decepción tan grande puede sentir el Señor, cuando los hombres no queremos escuchar la aventura tan apasionante que nos tiene que ofrecer, la aventura de la vida, de la vida en la Tierra y de la vida en el Cielo!

Todos deberíamos plantearnos qué tiempo dedicamos a diario a escuchar la voz del Buen Pastor, y tal vez con vergüenza, reconozcamos que es muy poco: porque no nos interesa, o nos cansa; porque denuncia cosas que hacemos y nos interpela para rectificar. Decía el salmista: *¡Ojalá escuchéis hoy su voz, no endurezcáis vuestro corazón!*

La Iglesia nos presenta a Jesús como el Buen Pastor que da la vida por sus ovejas. Y transmite esa vida, no solamente en la cruz, sino que Él mismo continúa dando vida por medio de su Palabra y los Sacramentos. Sólo los orantes, los que no tienen miedo al silencio exterior para empezar a escuchar la voz interior de Dios, son los que consiguen seguir al Buen Pastor. Por eso, ¡qué necesidad tan grande tenemos todos los días de hacer un pequeño parón! No se trata tanto de contarle a Dios nuestras cosas, sino sobre todo dejar que Dios entre en nuestro corazón con su palabra, su cariño, con todo su ser. No solamente decirle nuestras penas, nuestras necesidades, nuestras ansias, sino que Dios también nos hable de lo suyo. En una amistad verdadera, o son dos los que hablan y se escuchan, o algo no va bien en esa relación. Tal vez nos demos cuenta de que estamos utilizando a Dios, porque no nos interesan del todo sus cosas, a no ser las cosas que nos puedan beneficiar y que obtenemos de Él. ¡Ojalá que escuchemos todos la voz del Buen Pastor y que esa voz nos dé una vez más la vida eterna!

EL LOGOTIPO

Jn 13, 31-35

En nuestra sociedad hay una verdadera obsesión por las marcas. Las grandes marcas deportivas, especialmente de ropa, de colonia, arrasan y hacen furor entre la gente. Incluso para conocer marcas, las grandes empresas han creado unos logotipos que permiten distinguir si una prenda es auténtica o no. Así todo el mundo rechaza las imitaciones y quiere tener la prenda auténtica con el logotipo que testifica su valor.

También los cristianos tenemos un logotipo que autentifica nuestra fe como seguidores de Cristo; ese logotipo es el amor fraterno que es el amor de Cristo. Porque Él no quiso que nos distinguieran por una serie de cultos, ni por una serie de prácticas religiosas externas: *la señal por la que conocerán que sois mis discípulos, es que os améis.*

A la hora de la verdad, para Dios no sirve nada que no sea expresión de un amor. Dios sólo quiere que imitemos a su Hijo con el mismo amor con que Él nos amó. El Padre envió al Hijo, y el Hijo repite lo que hace el Padre. El Hijo envió a los discípulos y nosotros tenemos que repetir lo que Él ha hecho. Recordemos que Cristo se puso a los pies de sus discípulos y fue su servidor.

Por eso, la pregunta es: ¿Cómo es mi amor? ¿Realmente yo me puedo considerar cristiano? No porque comulgue, ni porque viva los Sacramentos, ni porque tenga unas prácticas religiosas, sino porque realmente yo vivo con el amor, por el amor y para el amor. Es un buen termómetro saber cómo son mis relaciones con los demás, pensar a quién guardo rencor, con qué persona me cuesta más la reconciliación y el perdón, porque el colmo del amor es el perdón, siendo consciente que ese amor de Cristo no es más que una entrega total y desinteresada a aquel que Dios ha puesto cerca de mí. Yo, como cristiano tengo que ser su servidor, tengo que tomar las actitudes hacia los otros que Cristo ha tomado hacia mí y que cualquier servidor tiene que tomar hacia su señor, provocando su bien.

Ése es el logotipo del cristiano, la señal por la cual sabremos si realmente tenemos la mente de Cristo y la actitud de Cristo. Porque sólo salva el amor.

Hoy, que tanto se busca la autenticidad, deberíamos todos plantearnos si nuestra fe es auténtica. Porque la fe es mucho más que conocer, mucho más que una doctrina: la fe es un modo de ser y un modo de actuar. Ésa es la señal por la que conocerán todos que somos cristianos: si queremos amar de verdad, si en nuestra vida vamos excluyendo día a día lo que no es amor o lo que es antiamor, si sabemos estar abiertos con respeto y comprensión a gente que no piensa como nosotros, y aún así les amamos; en lo deportivo, en lo político, en lo personal, en lo social, etc...

Vamos a preguntarnos si llevamos «la marca», el logotipo de Cristo. Para eso no hay más que mirar a la intimidad, nuestros sentimientos, no hay más que ver si nosotros nos gozamos en el servicio, en el amor, si estoy dispuesto en cada jornada a servir más que a que me sirvan, si sé encontrar las oportunidades cada día de hacer el bien, de entregarme. Todos nos tenemos que preguntar hasta qué punto nos creemos el Evangelio de la entrega y del amor, que no es tan complicado como parece. Es verdad que supone un esfuerzo y que hay que hacerse violencia y renunciar a uno mismo, vaciarse de uno mismo, para llenarse de ese deseo de Cristo de servir, de vivir las Bienaventuranzas de la entrega, del servicio, de atender a los demás.

Cristo resucitó para darnos una vida nueva, en clave de entrega y en clave de amor. Experimentar la vida nueva del Resucitado es experimentar la fuerza del Amor. Tal vez pensemos que somos incapaces de amar como Cristo, que amó a sus enemigos, pero basta desearlo y pedirlo con humildad para que comience en nosotros esa vida nueva. ¡Inténtalo!

LOS MIEDOS

Jn 14, 23-29

El otro día, paseando, presencié una escena en la calle: un niño pequeño, que iba distraído con sus juegos, se encontró de bruces con un perro no muy grande. Instintivamente el niño corrió a los pies de su madre, mientras levantaba sus bracitos para que ella le aupara, y así se sintió protegido e incluso sonrió, ante ese «terrible» animal que amenazaba su seguridad.

Del mismo modo que los niños pequeños saben recurrir inmediatamente a sus madres cuando sienten algún peligro o les invade el miedo, así hace el cristiano cuando es visitado por sus miedos: recurrir a los brazos de su Padre-Madre Dios, porque sabe que en esos brazos está seguro.

Jesucristo, en el Evangelio nos dice que no tengamos miedo, porque Él nos regala la paz: *Mi paz os dejo, mi paz os doy.* Pero no la paz que da el mundo, la paz exterior, sino la paz que se lleva dentro del corazón. Porque todos tenemos miedos con los cuales hemos de convivir día a día: miedo a la enfermedad, al fracaso económico o sentimental, a los exámenes, a equivocarnos, a la muerte… Y esos miedos nos definen, porque a la vez resaltan los valores que más importancia damos.

La experiencia del miedo es inevitable, pero hay dos modos de vivirla: el primero es huir de ella, quejarse, ignorarla o intentar tomarse unas pastillas para olvidarse; y el segundo es encararla, afrontándola con decisión, sabiendo que la podemos superar desde los brazos de nuestro Padre Dios.

Jesús lo decía muchas veces, y especialmente después de resucitado: *No tengáis miedo. Yo he vencido al mundo* y a todas las cosas que os pueden hacer daño. El futuro es mío. Porque el futuro lo escribe Dios, por más que nos empeñemos en cavilar qué será de nosotros, qué ocurrirá con ese futuro amenazador, ya que siempre nuestros miedos hacen referencia a un futuro que pueda destruirnos. Aquel que vive en comunión con Él y se fía completamente de su Padre Dios, tiene que aprender a mirar con ojos de fe la historia y saber que Dios nunca le ha dejado, nunca le ha abandonado, y por eso sería muy extraño que ese Padre Dios, en un momento concreto le dejara, se descuidara de él, se ocupara de sus cosas y le diera la espalda, sería creer en un Dios tonto o por lo menos despistado

Hay que aprender a ser niños pequeños y volver constantemente a los brazos de Papá-Mamá Dios, porque son los brazos más seguros y más ciertos. ¿O es que pensamos todavía en un Dios monstruoso, que se puede gozar en nuestro dolor o en nuestro desamparo? *No tengáis miedo*, es el grito del Resucitado y es el grito de Cristo, que a toda la humanidad le dice que Él es el camino, la verdadera paz, que aquel que vive todas las cosas desde Cristo, desde el misterio de su cruz, que es un misterio de paso a la vida definitiva, y desde el misterio de la resurrección, no puede dejarse dominar por el miedo. Por eso nos anuncia la llegada del Espíritu Santo, esa fuerza del amor de Dios que nos hace superar nuestros miedos, porque es verdad que si nosotros no podemos, la fuerza del Espíritu nos acompañará.

Tenemos que suplicarle al Señor que nos preste, que nos dé un poquito de su fuerza, un poquito de su entrega, de su ilusión, para que no perezcamos en nuestros miedos, como el niño pequeño, que en cuanto ve un peligro corre a los brazos de su madre y luego es capaz incluso de sonreír al peligro. No podemos hipotecarnos por nuestros miedos y paralizar nuestra vida por ellos. Tenemos que saber convivir con ellos e incluso sonreírles, porque los estamos viviendo desde los brazos de nuestro Padre Dios.

LA LOTERÍA.

Lc 24, 46-53

«¡Te ha tocado la lotería!». ¿Te imaginas que alguna vez una persona se acercara a ti diciéndote esa frase? Te ha tocado un gran premio y lo recibirás dentro de un mes. Muchas personas dirían que eso va a cambiarles la vida: empiezan a hacerse planes, y todo va a ser diferente porque creen que teniendo más capacidad adquisitiva muchos problemas se resolverán.

La Ascensión de Jesús a los Cielos también es la fiesta de la lotería. Es un certificar la veracidad de todo lo que ha pasado: al que habían visto crucificado, ese que habían visto humillado, ahora está exaltado, con Dios y con su poder. El mismo Jesús que recorría los caminos de Galilea y de Judea, enseñando unas verdades que afectaban a lo íntimo del corazón, ha recibido el sí definitivo del Padre.

Hoy celebramos la entrada definitiva y la plenitud del reino de los Cielos en Jesús, sabiendo que donde entra la cabeza, entra el cuerpo.

Hace unos meses entraron a robar en la parroquia, y entraron por un ventanuco por el que aparentemente era imposible entrar, pero hicimos la prueba y vimos que un niño sí puede meter la cabeza y metiendo la cabeza, entra el cuerpo. Por eso hoy celebramos el comienzo de nuestra gloria. Qué fácil le hubiera sido a Cristo quedarse en la Tierra haciendo milagros, hablando como sólo habla Dios, siendo el centro de las miradas y el buen consejero al que recurrir para solucionar los problemas de cada uno. No haría falta la fe: le podríamos ver resucitado y hablar con Él. Pero, sin embargo, Jesús se va porque espera nuestra fe, espera que hagamos un acto de confianza. Del mismo modo que te dicen que si te ha tocado la lotería y tienes el boleto, te fías plenamente y comienzas a organizar tu vida, los cristianos debemos organizar nuestra vida, sabiendo que si hemos sufrido con Él y participado de su pasión, necesariamente vamos a participar de su gloria.

Cada gota de dolor en esta vida, será un océano de gozo y de gloria en la eternidad, en esa vida que ya se empieza a gozar en la Tierra, pero que será definitiva y plena en el Cielo. Por eso la Ascensión del Señor es la fiesta de la alegría, de la esperanza, porque nos ha tocado la lotería. Nos ha tocado el mejor de los premios que nos podían dar: el premio a nuestros esfuerzos, a nuestra perseverancia, a no haber tirado nunca la toalla o, si la hemos tirado, haberla vuelto a recoger. Nos ha tocado el premio de la fe, de decir: «Señor, yo he querido confiar en ti, es verdad que a veces no lo he tenido fácil, que ha habido momentos en mi vida en los que todo se me ha venido abajo, pero a pesar de todo he querido confiar en ti».

Decía San Pablo: *Es doctrina segura. Si sufrimos con Cristo reinaremos con Él, si morimos con Él, viviremos con Él.* Por eso Cristo, al subir a los Cielos, bendice a sus apóstoles y les dice: *Id y anunciad a todo el mundo esta buena noticia.*

Hoy, también tiene que llegar a tu corazón esta buena noticia: «Vas a ir al Cielo». Ya está hecha tu salvación, simplemente basta que le pidas al Señor con humildad que te dé un poco de fe, un poco de confianza, que organice tu vida en función de ese premio que ya te ha sido concedido. Tu salvación ya se ha realizado, no la tienes que conquistar, porque Cristo la conquistó para ti.

En esta fiesta tan grande de la Ascensión de Jesús a los Cielos, no solamente nos gozamos con Él porque se lo merece, porque fue el hombre más bueno que pisó la tierra, sino también porque es nuestra fiesta, la fiesta de esa herencia prometida por nuestro Padre del Cielo y que no da lugar a desconfianza, porque Dios es fiel a su palabra. Ya se han cumplido esas promesas en Jesucristo, en su Madre bendita, en tantos millones de personas que ahora mismo están gozando de esa eternidad, de ese Dios. Nos ha tocado la lotería y algunos ya han cobrado el premio. Por eso, es verdad que Dios es un buen pagador, que ya en la Tierra experimentamos un poco de esa paz, de esa serenidad, de ese sosiego, en cuanto nuestra alma se llena de esos pensamientos seguros, pero hace falta la fe.

En la fiesta de la Ascensión pídele a Cristo: «Aumenta mi fe, que yo confíe cada día más en Ti, que no dude que poseo ese boleto premiado que me va a llevar al Cielo, y que estructure mi vida entera.

DIOS NO ES FARISEO

(Pentecostés)

Dios no es un fariseo. Por más que te empeñes en creerlo, no lo es, porque lo propio de los fariseos es decir a todo el mundo lo que está bien, lo que tienen que hacer, pero ellos no mueven un dedo para ayudar a la gente a conseguir ese bien que proponen. Cuando Dios propone al ser humano un camino, unos valores, unas verdades e incluso una moral, no solamente les está recomendando el camino de la felicidad, sino que Dios mismo se da, para que podamos vivir aquello que Él nos pide. Y nos lo pide para nuestro propio bien, no para el suyo.

Esto significa Pentecostés. Del mismo modo que después de cincuenta días fuera de Egipto el pueblo de Israel recibió la Ley en el Sinaí como indicador del camino para llegar al Cielo, así, después de cincuenta días de la resurrección de Cristo, de la liberación del fracaso y de la muerte que amenazan al hombre, Dios promulga en el corazón de cada ser humano, esa nueva ley del amor: que nos amemos con el mismo amor con que Cristo nos ha amado. Eso es Pentecostés, la efusión del Espíritu Santo es injertar en nuestro amor un amor divino, un amor sobrenatural que nos capacita para hacer todo aquello que Dios nos pide y llevar así a plenitud nuestro ser humano.

Muchos cristianos todavía piensan o creen en un Dios fariseo, en un Dios que pide muchas cosas pero no mueve un dedo para ayudarnos. Es imposible que Dios pueda pedirte algo como vivir una situación trágica, pasar por unas circunstancias extremas y, que a la vez, no te esté dando la fuerza, la resistencia, la esperanza, el aliento, para poderlo sobrellevar.

Ésa es precisamente la esencia de la fe: la confianza absoluta en que yo no cuento solamente con mis propias fuerzas. Para el cristiano el «no puedo más» no debería existir. Si lo medimos con las fuerzas humanas, es verdad. Pero nos tenemos que encarar con Dios y decirle: «Señor, tú lo sabes: yo no puedo pero tú sí puedes, yo no llego pero tú sí llegas, yo no soy capaz pero tú sí eres capaz».

Por eso Cristo decía tantas veces: *Os conviene que yo me vaya porque entonces recibiréis esa fuerza que viene de lo alto*, esa fuerza del amor que yo quiero injertar en vuestros corazones.

Así, Pentecostés, es una realidad que se renueva cada año, e incluso se podría renovar cada día en aquel que acoge con sencillez el don de Dios desde su pobreza personal. ¡Cuánta gente hay deprimida, cuánta gente hay hundida, que se ve en la vida como alguien impotente, incapaz, con situaciones irresolubles! Entonces es que todavía no hemos vivido el gozo de la fe, no hemos experimentado que Dios se me da como Espíritu Santo, como amor del Padre y del Hijo, verdaderamente presente en nuestros corazones.

Así lo decía San Pablo: *el amor de Dios ha sido derramado en nuestros corazones por el Espíritu Santo que se nos ha dado.* Hoy celebramos que ese amor de Dios está en mí. *Al que escucha mi palabra, mi Padre le amará, vendremos a él y haremos morada en él.*

Tú eres templo del Espíritu Santo, tú eres morada, lugar habitual donde Dios descansa, donde Dios ejerce su fuerza y transforma tu vida.

Por eso hoy es un día para pedir: «Ven Espíritu Santo, hazme consciente de que tú has sido siempre el que ha sacado adelante todas mis empresas, concédeme tus siete dones, concédeme especialmente esa fe que significa confiar en Ti, esa esperanza que significa mirar el futuro con serenidad y, sobre todo, esa caridad que es el verdadero motor que me va a hacer llegar a todas las situaciones de mi vida dándoles un sentido».

Por eso, que el Espíritu Santo nos conceda a todos hoy, sentirnos muy llenos de Él, sabernos muy llenos de Él, contar siempre con Él. Precisamente la tragedia del hombre es la autosuficiencia, el afán de autonomía, no querer contar con Dios, cuando realmente la criatura que se sabe tal es toda pobreza y pura necesidad. Somos mendigos que estamos a la puerta de Dios, tendiendo la mano para que Él nos dé un poco de esa limosna, de ese don suyo que es el Espíritu Santo.

LA ENTREGA DE DIOS

(Corpus Christi)

Después de muchos años asistiendo a las bodas de los cristianos como sacerdote, sé que hay un momento especial en el cual los novios se emocionan. Es el momento en el que los contrayentes dicen: «yo me entrego a ti y prometo serte fiel en las alegrías y en las penas, en la salud y en la enfermedad, todos los días de mi vida». Generalmente se les hace un nudo en la garganta y muchos de ellos se emocionan, porque son conscientes de las consecuencias que tienen esas palabras.

Yo me supongo que el mismo nudo en la garganta se le hizo a Jesucristo la noche del Jueves Santo, cuando fue capaz de decir a los apóstoles: *Tomad y comed esto, porque es mi Cuerpo que se entrega*, que se entrega a ti, en las alegrías y las penas, en la salud y en la enfermedad, se va a entregar siempre, y lo vas a tener por siempre en tu vida.

Esto es la Eucaristía. La entrega total de Jesús, no solamente la entrega de su Espíritu, sino también la entrega de su Cuerpo y su Sangre por amor a nosotros.

¡Cuánto hemos querido desde hace siglos los cristianos, y cuánto hemos valorado esta presencia real de Jesús en los Sagrarios, en la Santa Misa! Esta presencia de Jesús que se hace alimento, compañero de camino, pan de los pobres, que se hace remedio de nuestras debilidades, consuelo de nuestras penas.

En la fiesta del Corpus Christi celebramos con gozo que el Señor se escapa de las Iglesias y sale a las calles, acompañado de la inocencia de los niños, de la ilusión y las expectativas de los jóvenes, de todos los cristianos que cantan y que aclaman al Dios de la gloria. Un Dios que manifiesta su gloria en la pobreza y humillación de las especies sacramentales, porque nosotros creemos que Jesús, su Cuerpo, su Sangre, su Alma y su Divinidad, queda prisionero de amor en los Sagrarios, para ser nuestra fuerza, nuestro camino, nuestra vida.

Todos tenemos que reflexionar sobre lo que es nuestra vida eucarística. Tenemos que ver si sabemos agradecer esa entrega, esa emoción que tuvo Jesús en el momento de la Última Cena y que después los sacerdotes perpetuamos de lugar en lugar, de año en año, de siglo en siglo por toda la eternidad, porque esa única entrega de Jesucristo se hace presente a través del tiempo en todas las Eucaristías y en todos los Sagrarios que hay diseminados por el mundo entero.

¿Qué hacer ante tanto amor? ¿Qué hacer cuando alguien te dice que te quiere y que se entrega a ti, que promete ser fiel a esa entrega y nunca te va a fallar, que siempre está a tu disposición y puedes recurrir a Él porque todo su ser se entrega a ti? Un Dios entregándose, dándose del todo, que no sabe decirte de otro modo todo lo que significas para Él.

Dios mío, qué importante tengo que ser para Ti, para que seas capaz de quedarte en los Sagrarios, olvidado, ignorado, expuesto a todas nuestras indiferencias y tonterías.

Un cristiano tiene que ser profundamente eucarístico, y ser eucarístico no es simplemente acudir a rezar, hacer unas devociones, sino que es hacer de la Eucaristía un verdadero programa de vida, que nosotros podamos decir como Jesús y con la fuerza de Jesús que a mí también me gustaría hacer de mi vida un «tomad y comed» porque esto es mi cuerpo, mis energías, mis luces, las facultades y talentos que Dios ha puesto en mí. Tomad y comedlo todos, porque yo también me quiero entregar por vosotros, también quiero derramar hasta la última gota de mi sangre, para ofrecerme junto con Él para remisión de los pecados, para la reconciliación de los hombres, del mundo. Es la Eucaristía el centro de la Iglesia, el volcán de donde nace todo el calor, toda la fuerza que la Iglesia tiene para anunciar la buena noticia del Resucitado. Es en la Eucaristía donde Jesús, muerto y resucitado, hace presente su único sacrificio, un sacrificio de valor infinito, pero realizado por un hombre ante la Santísima Trinidad.

¡Que devoción, que fervor, qué ilusión tendríamos que poner siempre cada vez que nos acercáramos a este Sacramento! Da pena ver cómo muchos cristianos de hoy en día siguen pensando que la Misa es una obligación, una carga, un rollo que se nos ha impuesto, porque no sabemos vivir en clave de amor el mensaje de Jesús. Que Él nos conceda en la solemnidad de su Cuerpo y de su Sangre, saber responderle a ese amor esponsalicio. Que yo también me quiera entregar a Ti, darte mi vida a Ti y a mis hermanos, como Tú hiciste y como no has dejado de hacer desde entonces, quedándote en los Sagrarios por amor a nosotros.

DIOS CUENTA CONTIGO

Lc 10, 1-9

Todo el mundo que vive en el campo y conoce las labores de la siembra, entiende perfectamente que antes de depositar la semilla en la tierra, ésta tiene que ser removida y bien abonada, antes del momento definitivo. Esto es lo que significa el envío de los discípulos de Jesús por delante de Él. Les envía para anunciar la paz, para que esa buena noticia del Evangelio, que quiere que llegue a todos los hombres, toque su corazón, y les lleve a comprender y aceptar sus palabras. Por eso ellos van de dos en dos, confiando siempre en la Providencia, y se sienten gozosos de colaborar y cooperar en algo que es grande, que es importante

Del mismo modo que Jesús envía a sus discípulos, también quiere contar contigo, para que tú prepares, no solamente tu corazón, sino el corazón de los demás, para que cuando llegue la buena noticia del Evangelio, ésta sea acogida.

Ser corredentor, participar en la misión de Jesús de Nazareth, ser la voz de Jesús, el calor de Jesús, las manos de Jesús, la ilusión de Jesús, el beso de Jesús en la Tierra, es tu tarea. Esto no es algo reservado a unos pocos. Está reservado a todos aquellos que se consideran los discípulos de Jesús.

Cuántas veces tenemos la ocurrencia de pensar que nuestra vida es mediocre, que no vamos a ser personajes que saldremos ni en las grandes noticias, ni en las enciclopedias, porque pensamos o caemos en el error, de que lo pequeño, lo menudo, no es importante. Pero de muchas cosas pequeñas, salen muchas cosas grandes.

Ser fiel en lo poco es lo importante y es lo que engrandece a un ser humano. A la hora de la verdad, Dios no te va a preguntar por tus títulos, tus pisos, tus cuentas bancarias y las mil cosas que te agobian. Te preguntará por tu fidelidad. Te agradecerá que no te hayas cansado de darte día a día a los tuyos.

Hoy el Señor cuenta contigo. Hoy el Señor quiere que te identifiques con esta palabra y este envío de sus discípulos, desear la paz a todo el mundo, transmitir la paz: *No tengáis miedo*. Cualquier persona, un enfermo en un hospital, un niño pequeño, una persona mayor, alguien casado, soltero, todos estamos llamados por Jesús a transmitir esa buena noticia de la paz a la humanidad. Entonces, aunque tu nombre no esté inscrito en ningún libro de la Tierra, sí estará inscrito en el libro de la Vida, en el libro del Cielo, que Dios leerá con solemnidad y te agradecerá, y te dirá: «Gracias, porque he podido contar contigo, porque me has llevado muy lejos, a muchas personas».

Tú eres una de esas personas que Dios envía. Depende que tú quieras o no quieras cumplir con tu tarea, pero que sepas que el Señor quiere que prepares la «tierra» de los tuyos, y cuenta hoy contigo para transmitir esa semilla a toda la humanidad.

FELICIDADES

Lc 10, 25-37

Hay una palabra que es mágica. Aparece en los anuncios, se repite en las canciones, se recuerda cuando hay una celebración importante, como puede ser un bautizo o un matrimonio, y es la palabra «felicidades», ese deseo de bien que todos tenemos para nosotros mismos y especialmente para la gente más querida. Decir a alguien felicidades es desearle lo mejor. Y por eso, el letrado del Evangelio, al preguntar: *Maestro, ¿qué tengo que hacer para alcanzar la vida eterna?*, en definitiva, lo que está diciendo es: ¿qué es lo que tengo que hacer para ser feliz? Y Jesús, aparentemente, como queriéndoselo quitar de encima, le contesta: *guarda los mandamientos.*

Y eso, como le parecía poco, entonces el Señor, con toda claridad, a través de la parábola del buen samaritano, explica perfectamente qué es lo que hace feliz y qué es lo que no hace feliz a un hombre. Y así vemos primero el ejemplo de dos personas aparentemente religiosas, aparentemente buenas, que ven a una pobre persona herida en el camino, dan la vuelta a su rostro, desvían la mirada y siguen su camino. Sólo hay uno, aparentemente el que no era legal, aparentemente el menos indicado, que sabe amar, que sabe ver, que no vuelve la mirada y que sabe descubrir que dentro de él hay una potencialidad magnífica para sanar, para sacar adelante, para cuidar, para hacer el bien.

Porque sólo hay un secreto para ser feliz, que es amar. Lo mismo que el águila ha nacido para volar, el ser humano, porque es imagen y semejanza de un Dios que es amor, sólo ha nacido para amar, que es provocar el bien del amado. Y así, hoy nosotros tenemos con toda claridad, un itinerario definido y con ejemplos para conquistar esa felicidad que tanto ansiamos. No dan la felicidad ni los viajes, ni el comer, ni el poder, ni el placer, ni esas pequeñas cosas que todos buscamos ansiosamente pensando que ése va a ser el término de todos nuestros esfuerzos. Lo único que hace feliz al hombre es tener una conciencia tranquila, es haber sabido que se ha gastado la vida en lo más importante. «Al atardecer de la vida –decía San Juan de la Cruz– te examinarán del amor».

Cuántas personas al lado del camino de tu vida has encontrado heridas y, tal vez, no has querido ni mirarlas, les has dado un rodeo o has pasado de largo. Y no te tienes que ir muy lejos: Señor, ¿quién es mi prójimo? y la contestación es evidente: «mi próximo», quien Dios ha puesto a mi lado. Tal vez descubras que tu prójimo es tu mujer, que tiene heridas; tu marido, que tal vez tenga la herida de la incomunicación, la dificultad para contar sus miedos. Tus hijos, que te resultan unos perfectos desconocidos, o tus padres con quienes hace tanto tiempo que no hablas.

Pídele al Señor que te conceda una mirada valiente para no torcer el gesto y pasar a descubrir todos aquellos que en el camino de tu vida pueden estar caídos, y a quien tú puedes sanar, ungir, vendar, acompañar y dedicarte con todos tus esfuerzos a provocar su bien. Entonces encontrarás la verdadera felicidad, y esa palabra mágica que tantas veces habrás oído repetir, te la podrás decir a ti mismo. Felicidades, porque has descubierto el verdadero sentido de la vida; felicidades porque, en cuanto te olvidas de ti y sales al encuentro de los otros, en cuanto pierdes tus intereses e inviertes en los intereses de los demás, es cuando realmente has alcanzado la vida eterna y la felicidad.

SER MARTA Y MARÍA

Lc 10, 38-42

Uno de los síntomas más claros de que alguien está enfermo, es la pérdida de apetito. Si oyes a alguien querido decir: «No tengo ganas de comer», te preocupas, y le preguntas si le ocurre algo.

Lo mismo que es el alimento para el cuerpo, es la oración para el espíritu, porque la fuente de la que brota y se alimenta nuestra vida cristiana, es la oración. Así, el Evangelio nos pone dos modelos aparentemente opuestos de estar cerca de Jesús: Marta, la mujer activa que trabaja, que se afana, que se pone nerviosa porque quiere que en lo exterior esté todo bien, y María, que aparentemente es una «cara dura» que se sienta a los pies del Señor y se dedica simplemente a escuchar las palabras que salen de sus labios. Es un equívoco pensar que cada uno de nosotros estamos llamados a hacer una opción, de ser Marta o ser María en nuestra vida; elegir la acción o elegir la contemplación, porque todos hemos de tener un poco de Marta y un poco de María.

Vivimos en un momento en que la sociedad exige resultados, y así, desde el colegio, todos siempre te miden, te examinan, te piden balances, y si no eres eficaz, si tus gestiones y tus acciones no han dado un resultado positivo, eres inmediatamente desplazado y rechazado. El activismo, la eficacia, el querer estar siempre en actividad continua, es absurdo si no está fundamentado en un auténtico amor a Dios y a los demás.

Ya San Pablo lo advertía a las primeras comunidades cristianas: *Ya podría repartir en limosnas todo lo que tengo, y aún dejarme quemar vivo, que si todo eso que hago no lo hago con caridad, no me sirve absolutamente para nada.* Porque toda esa actividad podría ser una excusa para nuestra soberbia, para nuestro deseo de autoperfección, para querer construirnos un monumento a nosotros mismos, en el que se diga: «qué bueno soy y qué bien lo hago». Sólo el amor de Dios, sólo el amor a Dios y a los hombres, nos puede dar un toque de bondad, humildad, de autenticidad a las cosas que hacemos.

¿Por qué hacemos las cosas, por nosotros mismos o por los demás? Y la respuesta a este interrogante es la fuente en la cual bebemos, en la que nos empapamos del amor de Dios, de la que sabemos con seguridad que esas aguas nos van a sanar el corazón; la oración. Qué absurdo es un cristiano que no sepa rezar, que huya de los momentos de oración. Cuántas veces me han dicho algunas personas: «yo no puedo ir a Misa entre semana o no puedo hacer una visita pausada al Sagrario porque estoy muy ocupado. Yo me pregunto, ocupado, ¿en qué? ¿En levantarte tarde? ¿En hacer gestiones, que sabes que si no las acabas las puedes hacer perfectamente al día siguiente? ¿En mil cosas que son lo primero y Dios lo segundo?

Jesucristo, en el Evangelio, señala que sólo una cosa es necesaria y que María ha escogido la mejor parte. Todos nos tenemos que examinar o preguntarnos si nuestra vida de oración es una vida auténtica, si realmente somos capaces de, cada día, ponernos en la presencia de Dios. Hacer un momento de oración, no como el que se quiere quitar de encima rápidamente un estar con alguien, sino entender la oración como algo más que una obligación, sobre todo como una necesidad. Del mismo modo que el cuerpo sano necesita comer y necesita el alimento, el alma sana necesita la oración.

Qué pena dan esos cristianos que van a Misa obligados, que incluso con bondad y buena voluntad, se plantean un programa de vida espiritual, y lo hacen siempre deprisa, quitándose cuanto antes las cosas y dando mucha más prioridad a la acción que a la oración. Sin embargo, la una y la otra se necesitan, se enriquecen y se complementan. Oración sin acción, sería un falso pietismo, sería un querer escaparme de las realidades, no querer dar la cara y no querer entregarme. Acción sin oración sería puro activismo, nada más que atolondrarme la cabeza, para al final estar muy ocupado en no hacer nada.

Ésta es la llamada del Evangelio. Todos deberíamos pedirle al Señor que nos conceda que nuestra acción esté enriquecida siempre por el amor y que sólo obtendremos ese amor por la oración. Que nuestra oración vaya siempre acompañada de las obras, que la autentifiquen y que la hagan ciertamente una manifestación del amor de Dios en el mundo. Ser Marta y ser María.

PADRE - MADRE

Lc 11, 1-13

Quién de nosotros no ha sentido nunca la experiencia de la decepción en la oración. Hemos pedido con mucho fervor, con intensidad, hemos hecho promesas y votos por algo verdaderamente importante y, sin embargo, nos ha parecido que Dios no ha escuchado. Así, después de pedir cosas buenas e importantes, el silencio de Dios nos ha dejado a todos un poco desorientados. Y uno se pregunta ¿Dios siempre escucha? ¿Dios siempre atiende? El Evangelio afirma que sí: *pedid y se os dará, buscad y encontraréis, llamad y se os abrirá.* Pero un poco antes te explica el requisito que ha de tener esa oración: cuando recéis, tenéis que decir *Padre.* Ésa es la palabra mágica que toca el corazón de Dios, que no basta con decirla con los labios sino, sobre todo, para rezar bien, hay que experimentarla en el corazón, porque es la humildad, la filiación divina, el saberse hijos y, por lo tanto no desconfiar nunca de los planes de Dios y de su voluntad, la que autentifica y hace que nuestra oración se clave en el corazón del Padre.

A veces da la impresión de que los cristianos utilizamos a Dios para nuestras cosas y, así, Dios es bueno en tanto en cuanto nos resuelva los problemas, atienda nuestras oraciones y nuestras súplicas. Sin embargo, muchas veces pedimos cosas que aún siendo buenas, desconocemos que no nos convienen, como el niño pequeño que le pide a su madre que le dé otro bombón, otra chuchería, sabiendo la madre que siendo bueno ese bombón o esa chuchería, tal vez en ese momento no le convenga o no le haga bien. Y el niño por eso no tiene que desconfiar de su madre, ni negarla, ni decir que es mala, aunque se sofoque o se enfade en ese momento.

«Padre o Madre», da igual, ésa es la verdadera definición de Dios, el que siempre transmite la vida, desea lo bueno, quiere siempre lo mejor para sus hijos y por eso hará lo que sea para que siempre les suceda lo mejor. Ese concepto de Dios está muy desdibujado en nosotros. Se nos ha olvidado lo esencial del Evangelio, el modo más cordial que tenía Jesús de dirigirse a Dios, y que nos ha invitado también a hacerlo a nosotros: «Cuando recéis, tenéis que decir primero Papá o Mamá».

Entonces, uno sabe que pase lo que pase, suceda lo que suceda, va a recibir un don por haberse dirigido a ese Padre, que nadie vuelve de Dios con las manos vacías, aunque no haya conseguido exactamente lo que ha pedido. El Evangelio dice: «Pedid y se os dará», pero no especifica: «se os dará lo que pedís», solamente el pedir ya es un don y un regalo.

Todos tendríamos que revisar cuál es nuestra actitud hacia Dios: reverencial, de temor, de exigencia, de reclamar derechos, o simplemente filial, de abandono, de confianza, de decir sí a tu voluntad aunque no sea la mía y aunque me cueste.

Cuántos cristianos se han escandalizado y se han sentido decepcionados de Dios e incluso le han abandonado, porque han pedido mucho, pero no han alcanzado lo que ellos en ese momento deseaban, no aceptando otros planes de Dios, incluso a veces dolorosos.

Pero en esos momentos, tal vez estábamos actuando con una fe defectuosa, porque buscábamos sólo los dones de Dios, olvidándonos del Dios de los dones y así, al no tener esos dones, rechazábamos al autor de los mismos, cayendo en una fe interesada y personalista, porque no adorábamos al Dios verdadero, sino a una imagen falsa de Dios.

Pidamos al Señor que nos conceda autentificar nuestra oración, aceptar rendidamente su voluntad y saber, que de una madre o un padre nunca se puede esperar nada malo, que el padre o la madre verdadera sólo desea el bien de sus hijos, y ése es Dios, aquel que desea sólo y exclusivamente nuestro bien.

SABER CODICIAR

Lc 12, 13-21

Dicen que existe un modo muy original de cazar monos: dentro de la jaula, se pone una fruta y el mono introduce muy justa su mano a través de los barrotes, coge la fruta, pero como no la quiere soltar, no puede sacar la mano del barrote, y así, llegan los cazadores, y por su codicia y ambición, el animal provoca su propia destrucción.

A veces, esto me recuerda a lo que los hombres hacemos con nuestras codicias, por tener más de lo que podemos. Vamos poco a poco agobiándonos, angustiándonos, creándonos falsas necesidades, hasta que llega un momento en que somos infelices por no poder poseer todo aquello que la sociedad nos ofrece.

El Evangelio nos ayuda a pensar lo que es importante en la vida y lo que no lo es. Lo que puede ser riqueza ante los hombres y lo que verdaderamente es riqueza ante Dios. Por eso, Jesucristo exclama: *Cuidado con la codicia*, porque puede provocar vuestra destrucción. Y no solamente hablamos de la codicia de los bienes materiales, que es muy clásica y que en un momento concreto de la vida, cuando uno es joven y quiere labrarse un futuro, está especialmente presente. Cuánta gente es infeliz, porque cree que no tiene el piso adecuado, el coche adecuado, las vacaciones adecuadas, el aspecto físico adecuado, y se olvida de una riqueza interior que es la fuente del verdadero bienestar, de la verdadera felicidad.

Pero también hay otra codicia más sutil y por ello más peligrosa, que es ese afán de poseer bienes, no solamente materiales, sino también espirituales, y ser desgraciados porque no somos dueños de ellos. Así, cuántos codician el tener salud, estabilidad familiar, cosas buenas y necesarias que tal vez todavía no les han sido concedidas, y tienen que luchar por ellas.

Precisamente la pobreza del espíritu, la sencillez del corazón, es la que nos lleva a saber que no son las cosas exteriores a nosotros las que nos van a dar la felicidad, que ésta más bien brota de dentro del corazón, como brotan los manantiales de las entrañas de la tierra, porque la lluvia ha sabido empapar despacio esa tierra y, después, limpia, la filtra y la expulsa fuera.

¿Qué cosas son las que más codiciamos? Cuántas personas viven infelices y tristes pensando en lo que no tienen, en lo que les falta, en lo que les gustaría tener, olvidándose de todo aquello que ya tienen. Hay que pedirle al Señor que nos conceda ese espíritu positivo para ser felices hoy con lo que tenemos y con lo que somos. El que no es feliz hoy con lo que tiene, no lo va a ser mañana con lo que sueña tener, porque no ha sabido aceptar las circunstancias y los momentos que Dios le ha dado para conquistar la paz.

Por eso, te podrías preguntar: ¿Qué es lo que yo más deseo? ¿Esa carencia me está provocando una verdadera infelicidad y una falta de paz? Es verdad que muchas veces deseamos cosas necesarias, pero si el Señor no ha permitido que las tengamos, tendrá un sentido.

El Evangelio dice: «Así son aquellos que son ricos ante los hombres y no son ricos ante Dios». Ojalá que nosotros deseemos esa riqueza sobrenatural y que las codicias y los afanes de este mundo no nos amarguen, no nos angustien, no nos quiten la verdadera felicidad que ya ha sido sembrada por el Bautismo en nuestro corazón.

¡ESTAD EN VELA!

Lc 12, 32-48

Me contaron de una persona que, habiendo comprado un boleto de la lotería primitiva, le había tocado el primer premio (casi doscientos millones), pero como él no miró los números ganadores, pasaron los meses y caducó el premio. Cuando se dio cuenta, dicen que se tiraba de los pelos o se daba golpes contra la pared por no haber estado pendiente de un premio tan grande.

Una cosa así podría sucedernos a los cristianos, que no sabemos estar pendientes del momento en el que el Señor llega para entregarnos su reino. El Evangelio es una constante invitación a estar en vela, a estar preparados para que el Señor llegue. Pero no solamente en el sentido de estar en vela para cuando nos llegue el momento de la muerte estar dispuestos a encontrarnos con Dios, porque el Señor no solamente viene en el momento de la muerte. Dios en cada momento quiere visitarnos, quiere llegar a nuestro corazón, entregarnos ese reino, ese premio, ese «gordo», que tanto necesitamos.

Sin embargo, muchas veces Dios llama a nuestra puerta, y nosotros no somos capaces de oír esos golpes suaves, elegantes, discretos, que Él da.

Dios no se impone por la fuerza, ni entra en nosotros por la coacción o el temor. Solamente por el camino del amor, del convencimiento, de la invitación, Dios es capaz de ser acogido en nuestro corazón.

Así, el Señor felicita al criado que cuando llega su amo está en vela y preparado. Eso es un poco lo que Dios espera de nosotros, que sepamos distinguir en cada momento, en cada jornada, en cada instante, esa llegada suya.

¿Cómo podré saber en cada momento que Dios me visita, que está llegando? Dios llega a nuestro corazón a través de diferentes acontecimientos: una persona enferma que nos está dando un testimonio de serenidad y de sosiego, tal vez una lectura de la Palabra de Dios, tal vez una corrección o incluso un acontecimiento doloroso. El cristiano siempre debería preguntarse: Señor, ¿qué quieres decirme? Qué interpretación tengo que dar a lo que va pasando en mi vida, a mis preocupaciones, a mis sentimientos, a mis miedos, a mis ilusiones. Porque Dios llega siempre y está constantemente llamando a la puerta.

Qué buena cosa sería decirle a Dios: «Señor, claro que yo quiero saber cuándo vas a llegar, claro que quiero invitarte a que entres en mi corazón y a hacer fiesta contigo, a experimentar el gozo de la comunión contigo, de tenerte conmigo y saber que todos los acontecimientos son una llamada de amor por ti; que cada acontecimiento de mi vida es un latido de amor de tu corazón de Padre; que escribes una historia para mí, una providencia para mí, viendo que esa providencia siempre estará escrita para que, aunque sea en clave de dolor, sea para mí lo mejor».

A veces, el peor de los pecados no es ése tan visible y tan aparatoso, sino probablemente la indiferencia, la frivolidad, la superficialidad, esa especie de anestesia que nos hemos puesto los cristianos, por la cual perdemos sensibilidad para lo espiritual. Vamos perdiendo ese sentido de lo divino, sin saberlo encontrar en lo humano, y por eso es tan difícil encontrar o reconocer la venida de Dios.

Dios viene constantemente y siempre está tendiendo la mano a todo ser humano, «para que lo encuentre el que lo busca». No soy yo tanto, en realidad el que busca a Dios, sino, sobre todo, es el mismo Dios quien me busca a mí. No es tanto el que yo desee a Dios, sino, sobre todo, es Él quien tiene un deseo grandísimo de mí, y ojalá que yo pudiera corresponder a ese vehemente deseo.

Cuando el Señor viene, no es para castigarme, corregirme, ni reprenderme, sino sobre todo viene para darme vida, paz y hacerme crecer. Por eso, el grito del Señor: *¡Estad en vela!*, que sea algo que cale profundamente en nuestro corazón, y que todos estemos dispuestos a saber reconocer la voz de Dios en cualquier momento e instante de nuestra vida.

FUEGO SOBRE LA TIERRA

Lc 12, 49-53

Todos hemos oído hablar de la ley del mínimo esfuerzo: intentar obtener el máximo resultado, invirtiendo las mínimas energías. Esa ley del mínimo esfuerzo no es buena, ni nos sirve a los cristianos para la vida espiritual. Cuando el Señor dice: *He venido a traer el fuego a la tierra*, se refiere a un fuego espiritual en el corazón, que nos lleva a vivir con pasión, con intensidad y con todas sus consecuencias los ideales que nos propone en el Evangelio.

Pero cuando un santo, o una persona que lucha por la santidad, intenta vivir ese fuego del corazón, provoca inmediatamente a su alrededor la división, el juicio, la polémica, porque siempre que un cristiano intenta ser coherente e intenta hacer las cosas bien, llamará la atención sin querer, y provocará a su alrededor esa división de la que hoy habla el Evangelio.

Nos equivocamos si pensamos que los santos eran gente que iban recibiendo aplausos y comprensión de todo el mundo. No es verdad. Los santos fueron juzgados y condenados muchas veces por los hombres de su tiempo, como hicieron con su Maestro.

Nunca ha sido fácil ser cristiano. Nunca ha sido fácil luchar por la santidad, en ningún tiempo y menos ahora. Todos tenemos la experiencia de cuantas veces se nos ha juzgado diciendo: «Tú que vas a misa», «Tú que dices que crees en Dios», «Tú que comulgas, deberías ser así o asá», y precisamente utilizan tus intentos de ser mejor, para echártelo en cara y condenarte. Lo mejor es no hacer mucho caso. No con soberbia, sino con humildad, diciendo: «Es verdad que a pesar que intento practicar, no salen las cosas bien, pero imagínate si ni siquiera lo intentara».

Nosotros no debemos vivir pendientes del juicio que puedan hacer los demás de nosotros. Es cierto que no todo lo hacemos bien, que con frecuencia nos equivocamos, pero no es menos cierto que muchas veces, ese juicio que los demás hacen de nosotros, viene motivado porque la verdad, o nuestro estilo de vida, cuestiona muchas cosas y hace mucho daño.

Vivimos en unos momentos en los que todo el mundo se cree con derecho a juzgar a los demás y a condenarles. Todas las personas se atreven a opinar de cualquier tema, e incluso de cualquier persona: «Qué piensa usted de fulanito o de zutanito», y se hacen encuestas por la calle, cuando a lo mejor no tenemos ningún conocimiento de casi nada.

No nos tenemos que asustar cuando no caemos bien, cuando nuestra conducta, nuestro modo de actuar o incluso nuestra coherencia, provoca en los demás enfados, juicios, condenas. Nosotros tenemos que vivir ese Bautismo, que es una identificación con Jesús en la cruz, tener el alma y la conciencia tranquila, y después no estar pendientes del juicio del mundo.

Pregúntate si a tu alrededor, por tu modo de ser, no por tus defectos, sino precisamente por hacer el bien, a veces has sido condenado, ridiculizado, has sido objeto de burla. Si te contestas que sí, entonces es un síntoma de que vas bien en tu camino de ser cristiano. Aunque pongas nerviosos a los demás, no importa. Lo importante es seguir a Jesucristo, identificarse con Él, luchar por la santidad.

Pide ese fuego, ese deseo de hacer las cosas bien, esa ilusión interior por llevar el fuego del amor de Dios a todos los lugares, ese deseo de llevar el perdón y la paz, de llevar la reconciliación aunque pases por tonto y te juzguen llamándote ingenuo, aunque te parezca que al final siempre el mal triunfa, eso no es así.

DESEARLO MUCHO

Lc 13, 22-30

Creo que hace años hubo en la televisión un concurso de preguntas premiadas. Había una especial, que si la acertabas te daban un millón: «la pregunta del millón». Y así ha quedado un refrán: «la pregunta del millón», cuando queremos saber algo importantísimo.

En el Evangelio, al Señor también le hacen la pregunta del millón: *¿serán pocos los que se salven?*, porque cuando un cristiano cree en la eternidad, y comprende que esa eternidad, ese Paraíso, es algo maravilloso, surge un deseo inmediato, acompañado de una remota duda: ¿estaré yo en ese Paraíso?, ¿Mis personas amadas estarán en el Paraíso? ¿Qué hay que hacer? ¿Es muy costoso, muy difícil llegar al Cielo? Así, el Señor, ante esa pregunta del millón, serán pocos o muchos los que se salven, no contesta directamente, pero sí explica cuál es la condición, cuál es el secreto; la puerta estrecha.

Ya sabemos que cuando algo se desea mucho, uno es capaz de poner todo en juego para conquistar aquello que tanto se desea. Por eso, para ir al Cielo, lo primero que hay que hacer es desearlo o quererlo mucho, desear y querer mucho a Dios, porque el Cielo no es más que una inundación completa de mi ser de la belleza de Dios, de su plenitud, de su paz, de su alegría y de su luz. Pero atención, el Cielo o el Paraíso no es algo sólo del futuro, sino que el Señor te lo está ofreciendo ahora, en estos momentos, en el presente. Porque, para estar en el Cielo, no es necesario pasar por el trance de la muerte. Es verdad que la muerte será el momento definitivo en el cual ese Cielo que ya está en nuestro corazón, si lo deseamos, si lo buscamos, será completo. Pero qué difícil será saborear en la eternidad a Dios, cuando ni siquiera se le ha buscado o deseado en la tierra.

Es verdad que hay una puerta estrecha, que no es otra cosa que buscar a Dios antes que buscarme a mí mismo, que supone muchas veces renuncias, que no se cumplan mis planes, mis sueños, mis ilusiones. Supone un, como decía muy bien la madre Teresa de Calcuta, vaciarme de mí, para llenarme de Ti, para llenarme en definitiva de lo que Tú amas, de lo que Tú quieres, que no es otra cosa, Dios mío, que el bien de los hombres. *Mis delicias son estar con los hijos de los hombres.*

Aquel ser humano que es capaz de estar a todas horas y todos los días preocupado por el bien de sus hermanos, que es capaz de hacer del amor una norma de vida, esa es una persona que incluso aunque no conociera el Evangelio de Jesucristo, incluso aunque sin culpa no pudiera practicar los sacramentos, estaría lleno de Dios, tal vez sin saberlo. Por eso, claro que tenemos que esforzarnos en entrar por la puerta estrecha, por la puerta de la renuncia a mí mismo, para afirmar a los demás, la puerta de la fraternidad, de la caridad, del amor a Dios y del amor a los demás.

Preguntaban, dicen, una vez, a Santo Tomás de Aquino, cuál era el secreto para conquistar la santidad, y él contestaba: «desearlo mucho». Ése es el secreto para llegar al corazón de Dios: desearlo mucho. Esa petición que todos podríamos hacer: «Dios mío, que yo te desee, que seas para mí el deseo primero. Que te desee más que unas vacaciones, más que el dinero, más que un coche, más que cualquiera de las cosas que tanto me atraen y que tanto deseo en este mundo».

Pero para desearlo, tenemos que revisar qué concepto tenemos de Dios. Si pensamos en un Dios que es aburrido, que es un rollo, pesado, ¿cómo vamos a desear aquello que no es bello, que no es apetecible? Por tanto las Escrituras nos invitan a pensar de nuevo ¿qué significa Dios en mi vida, qué definición tengo yo hecha de Dios? Y sabiendo que Dios tiene que ser lo más maravilloso, lo más apetecible y lo más deseable, desearlo.

Ésa es la puerta estrecha y ése es el secreto que Cristo nos ofrece en la salvación. *Buscad primero el reino de Dios y su justicia, y lo demás se os dará por añadidura.*

DAME HUMILDAD

Lc 14, 7-14

Recuerdo un viaje en tren, en el que dos señoras hablaban de sus nietos. Cada una se esforzaba desaforadamente en explicar lo bueno que era su nieto, a lo cual la otra contestaba que el suyo era mejor, y recibía la contestación que no, que el suyo era mejor. Al final, las dos acabaron casi diciéndose impertinencias, intentando demostrar que el suyo era el mejor. Los que estábamos cerca nos sonreíamos y nos dábamos cuenta que rayaban el ridículo, porque es verdad, que la soberbia y la vanidad rozan el ridículo.

La Palabra de Dios nos habla de la torpeza de un hombre que se quiere poner en primer lugar, y cuando llega otro más importante, le desplazan y tiene que humillarse: buscó sin querer su propia humillación. Si verdaderamente comprendiéramos lo que somos, que todo aquello que hacemos bien lo recibimos de Dios, nos acompañaría siempre una cualidad, que siendo humana es divina, y es la virtud de la humildad.

¡Qué elegante es la humildad! Porque el humilde es aquella persona discreta, sencilla, que no va haciéndose propaganda de sí misma o reclamando aplausos, ni gratitudes, ni reconocimientos, ni méritos propios, sino que se goza sobre todo en lo bien que lo hacen los demás. No anda todo el día preguntándose ni preguntando a los demás si lo hace bien o mal, no anda mendigando aprobaciones ni cariños, porque al humilde le basta con su Dios, con la gracia de Dios y saber que aunque sea frágil, se equivoque y aunque a veces no haga las cosas bien, tiene el mayor de los tesoros, que es tener a Dios en el corazón.

De vez en cuando, todos nos deberíamos preguntar si realmente deseamos vivir esa virtud que definía la personalidad de Cristo: *Aprended de mí, que soy manso y humilde de corazón*. Porque es en la humildad donde encuentra el cristiano el verdadero descanso. Cuántas veces nuestros agobios, preocupaciones, enfados, riñas, nacen precisamente de una búsqueda desaforada de nosotros mismos, de quedar bien, de recibir el aplauso, de quedar por encima de los demás. Siempre se llamó a eso «gloria vana», porque cuando el hombre busca glorificarse a sí mismo, ensalzarse a sí mismo, al final acaba herido, trastornado y disgustado.

Todos tenemos que pensar y ponernos el termómetro de la soberbia y de la humildad, y preguntarnos cómo estamos viviendo esta virtud. Decía la santa de Ávila que la humildad es andar en verdad, porque no es otra cosa más que reconocer que todo lo bueno me viene de Dios y que yo no me tengo que alborotar ni sufrir porque meta la pata, ésa es la actitud del perfeccionista y del soberbio. Sólo el soberbio es aquel que lo quiere hacer todo bien, y si no le sale bien, se enfada y se disgusta. El soberbio no acepta el fracaso, la limitación como parte de su propia historia o de la historia de los demás y por eso juzga, condena, critica, excluye, se enfada, hace daño y se hace daño a sí mismo. Se amarga y amarga a los demás.

Así, todos hoy, tendríamos que pedirle: «Señor, enséñame a tener un corazón como el tuyo, hazme valorar, buscar y amar la virtud de la humildad, sabiendo sinceramente que es una actitud que elijo ante la vida, no que se me ha impuesto, sino que yo he decidido; ser servidor, pensando que el mayor de los tesoros, de los premios, no es el aplauso de los hombres, sino que es tu propio aplauso. Es, no la recompensa que los demás me puedan dar por las cosas que hago, sino la que ya estoy recibiendo aquí en la Tierra y espero recibir en el Cielo. Por eso, dice el Señor *que todo el que se ensalza, será humillado, y sin embargo el que se humilla, Dios mismo le ensalzará.*

Ojalá que todos comprendamos, especialmente en estos tiempos en los que el cuidado de la propia imagen, el éxito, el quedar siempre bien, es algo casi obsesivo, que precisamente las cosas más bellas son las cosas más silenciosas, las que menos llaman la atención, pero que están presentes en nuestra vida y tienen a Dios por espectador.

MENUDA ELECCIÓN

Lc 14, 25-33

¡Qué difícil es elegir! Sobre todo cuando tienes que elegir entre dos cosas muy buenas: la elección se hace especialmente dura y te llenas de dudas y de inseguridades. Así, durante muchos siglos, para los cristianos las palabras de Jesús fueron motivo de duda, porque muchos de ellos experimentaban un grandísimo amor a Dios y por otro lado un grandísimo amor a su familia, a sus padres, a su mujer, a su marido, a sus hijos, a su posible novio.

Es verdad que estas palabras, si no se entienden bien, pueden confundir: *El que quiera ser mi discípulo, tiene que posponer a su padre y a su madre, y a su mujer, a sus hijos y a sus hermanos, e incluso a sí mismo*, parece como una elección irrevocable; o Dios, o las personas queridas. Así, surgió una idea equívoca: solamente fuera del mundo y solamente en una consagración especial se podía encontrar la santidad, y no es cierto. Sería una contradicción en el mismo Dios pedirnos que amemos y que honremos a nuestros padres, que honremos con todo nuestro cariño a la familia, y que después les despreciemos. Porque posponer no es despreciar.

Más bien el Señor, lo que nos quiere indicar, es dónde ponemos la fuente para el hombre de la seguridad, de la certidumbre, del sosiego, de la paz. Saber que Dios siempre será esa fuente limpia de donde mana todo nuestro bien, nuestro gozo, nuestro ideal. Que Dios es el primero, pero no tanto en el orden de los afectos ya que si a cualquiera nos preguntaran a quién amas más, si a tu mujer de la que estás muy enamorado, a un hijo, a tu marido o al mismo Dios, pues no sabríamos que contestar.

Deberíamos comprender que es Dios el que te ha dado esa mujer, esa madre, ese hermano, y todo lo bueno que tienes y si esto no se entiende y no se vive así: Dios como la fuente verdadera, que nunca me va a fallar, entonces cambiamos el orden verdadero de las cosas, pues corremos el riesgo de «divinizar» a las criaturas, hacer de ellas nuevos dioses a los cuales adoramos y de los que dependemos absolutamente.

Siempre ha habido en la Iglesia vocaciones para un seguimiento del Señor en radicalidad, viviendo la pobreza, la castidad y la obediencia, en un camino concreto. Pero ellos no son los únicos que pueden alcanzar la santidad. También se puede estar muy enamorado de Dios siendo muy santo y estar casado, tener hijos, querer mucho a una familia y no querer separarse de ella. Porque Dios no te quiere quitar lo que más amas, todo lo contrario. Él quiere que cuides aquellos regalos y aquellos dones que Él ha puesto cerca de ti. ¿Que algún día te faltan? Evidentemente, no tendrás que enfadarte con Él. Cuánta gente se enfada o se aparta de Dios porque le culpabiliza cuando en un momento concreto le ha quitado un don maravilloso. Y no es justo. Posponer a la familia, posponer a las cosas más amadas ante Dios, significa reconocer que Él es la fuente y el origen de todo aquello que disfrutamos y amamos.

Por eso, el que quiera ser discípulo verdadero de Jesús tiene que saber hacer una «renuncia» verdadera a no hacer de las criaturas creadores; a no hacer ídolos de las cosas que hay en la Tierra, sabiendo que sólo Dios es Dios, y que las otras cosas, siendo maravillosas y bellas, no son el absoluto, ni podemos hacer de ellas el absoluto.

Sería un buen momento para reflexionar si tal vez alguna vez hemos idolatrado o hemos hecho un pequeño Dios a alguien que está cerca de nosotros, y cuando ese pequeño Dios nos ha faltado o nos ha fallado, se nos han derrumbado todos los esquemas de nuestra vida.

Sólo Dios es Dios, y hay que dejar que lo sea en nuestra vida, no ponerle en último lugar. No tengas miedo de quererle, de enamorarte de Él. Verás, que cuanto más le ames, amarás de un modo más limpio y más completo a todos los tuyos. Cuanto más cerca estés del Señor, más amarás a sus criaturas y especialmente a aquellas que Él ha puesto en tu camino.

EL PADRE BUENO

Lc 15, 1-32

Siempre se ha dicho que hay que llamar a las cosas por su nombre, es fundamental para aclararse en la vida. Y esto viene al caso porque todos, desde hace siglos, decimos: «La parábola del Hijo pródigo». Pero son muchas las personas que piensan que no es el título acertado, ya que el personaje principal de este Evangelio no es tanto el hijo cuanto el padre. Podríamos llamarla todos: «La parábola del Padre bueno», pues si hay algo importante en la enseñanza que Jesucristo quiso transmitir con esta parábola tan maravillosa, es, sin duda ninguna, el corazón y los afectos del Padre Dios.

Todos nos podemos ver reflejados en ese hijo arisco que un día decide marcharse y alejarse de Dios, o incluso también, algunas personas nos podríamos ver reflejados en ese hijo mayor, que se cree que siempre lo ha hecho todo bien. Pero qué pocos pueden identificarse con la actitud del Padre. ¡Qué maravilloso sería descubrir los secretos del corazón del Padre! En la Iglesia hemos hablado muchas veces del Corazón de Jesús, del calor y la efusión del Espíritu Santo, que es el amor de Dios derramado en nuestros corazones. Pero, ¡qué poco conocemos al Padre! Es más, muchas veces lo hemos visto como un Padre justiciero, que entrega a la justicia de los hombres a su Hijo querido, Jesucristo, como un Creador indolente, que ni siente ni padece por nuestras cosas. Parece como si a Dios le importara muy poco lo que nos va sucediendo en la Tierra. Cuántas veces hemos exclamado: «Dios mío, ¿por qué? ¿Por qué consientes tanta injusticia, tanta hambre, tanta guerra, tanta violencia?» Y ese silencio de Dios nos parece que le acusa y le culpabiliza. Nos hace muchas veces dudar de un Dios bueno.

Sin embargo, si supiéramos descubrir y comprender que Dios sufre más que nosotros con todas esas cosas, y que muchas veces, por respetar la libertad del hombre, el orden de la creación, tiene que esperar a que llegue el día en que nos demos cuenta y entre todos construyamos una humanidad nueva, una «civilización del amor» y, por supuesto, sabiendo también que nos está esperando un festín maravilloso en su casa eterna a la vuelta de la vida, comprenderíamos los sentimientos del Padre.

Todas las tardes salía a esperar al hijo y en cuanto ve su silueta que se acerca a lo lejos, se lanza al cuello y se lo come a besos. Porque si hay una cosa cierta es que Dios quiere nuestro bien más que nosotros mismos. Que Dios siente con nosotros hasta el más mínimo de nuestros dolores. No es un ser indiferente a nuestras penas y estamos llamados a descubrir todos las entrañas del amor de Dios Padre por cada uno de nosotros. Porque el corazón del Padre late, y cada cosa que va pasando en nuestra vida, es un latido de ese amor de Padre por nosotros. ¿Qué padre que no tenga un poquito de madurez, no siente con su hijo, no padece y no sufre con su hijo, cuando su hijo sufre o está pasando un problema? Todos los padres darían mil veces la vida por ellos. ¿Dios va a ser más malo que nosotros? Por eso, qué importante es, con motivo de la meditación de la parábola, no del hijo pródigo, sino del padre bueno, que recuperemos y redefinamos nuestra idea de Dios Padre.

Que no es ese ancianito creador que está ahí mirando a los hombres cómo sufren y cómo se destrozan mutuamente sin más. Está siempre esperando con los brazos abiertos para que al más mínimo gesto, a la más mínima reflexión nuestra, comprendamos que Él no quiere más que nuestro propio bien. Pensemos que si estamos sufriendo y nos estamos haciendo daño a nosotros mismos y a los demás es que hemos salido de la casa del Padre. De algún modo, la parábola, lo que te está diciendo es: «Vuelve a la casa del Padre». Esa casa del Padre no la tienes muy lejos, quedó en ti por el Bautismo. Esa casa del Padre que es el Reino de Dios, que tantas veces Cristo decía que está dentro de nosotros, está en ti; ¡vuelve a la casa del Padre! Haz un intento de encontrarte con Él dentro de ti, reconcíliate con Él. No tengas miedo a Dios, no te va a castigar ni a reprochar. No te va a condenar. Basta con que digas: «Eres mi Padre» para que Él te abrace, te coma a besos y te siente otra vez en un festín de gozo, de paz y de serenidad.

Recuperemos la figura de Dios Padre. Volvamos a tomar un cariño grandísimo por ese Padre bueno, que nos ha llenado de dones y que nosotros, inconsciente o conscientemente, hemos huido tantas veces de Él, porque pensábamos que autónomamente y por nosotros mismos, nos iba a ir mejor.

RESPETO

(Atentado del 11 de septiembre)

¿Qué es lo que está fallando? Todos nos hacemos esta pregunta al considerar el horrible atentado que ha sacudido, no solamente Nueva York, sino todas nuestras conciencias. Porque sin duda ninguna en el hombre está fallando algo. No puede calificarse de humano un acto por el que en un instante miles de vidas son destruidas y aniquiladas. ¿Es que el hombre ya no es hombre? No será más bien que el hombre está perdiendo su identidad. Intentemos hacer una lectura cristiana de este acontecimiento: viene a mi corazón inmediatamente la Escritura, en la que Dios dice: *Mío es el juicio, mía es la venganza*, y parece como si estas personas hubieran querido apropiarse del juicio, de la venganza de Dios y decidieran por su cuenta arrogarse los atributos divinos y decidir quién debe vivir y quién debe morir, quién es el bueno y quién es el malo.

Así hizo el Enemigo original del hombre con el engaño primero del paraíso: *Seréis como dioses para juzgar sobre el bien y sobre el mal*. Y así, ese pecado original que nos narra la Biblia, se repite en cada generación y en cada ser humano, que juega a ser Dios, que quiere ser Dios y que se atreve a decidir quien es el bueno y quien es el malo y, por tanto, como consecuencia de ese juicio, decide sobre el bien y el mal de los demás.

Es que en cuanto el hombre se olvida de Dios, inmediatamente se edifica a sí mismo como un Dios y, mientras que el hombre no recuerde que ese Dios está por encima de él, que hay una instancia superior, el hombre se deshumaniza.

Todos comprendemos que éste es el grito de la Iglesia que desde hace dos mil años ha venido recordando a todas las conciencias y a todos los hombres de buena voluntad. Sí, gloria a Dios en el Cielo, pero paz en la tierra a todos los hombres que tienen buena voluntad. Y el grito de «paz» es un grito que no solamente tiene que resonar hoy en los estados, en los tratados diplomáticos, sino que el grito de paz es un compromiso que cada cristiano debe realizar primero en su corazón, después en su ámbito familiar y, en tercer lugar en la sociedad. No nos escandalicemos por estos terroristas que han hecho tanto daño cuando cada uno, a nuestro propio nivel, en nuestro ambiente, seguimos juzgando, condenando, y seguimos siendo como Dios para decidir quién es el bueno y quién es el malo. Es verdad que yo no dispongo de bombas ni de aviones, pero cuántas veces mis palabras, mis juicios, mis condenas a los otros han sido peores que bombas y que aviones porque han querido descubrir o quitar de en medio a los demás, hiriéndoles y haciendo daño.

Hemos dicho muchas veces que Dios es el Gran Respetador, el que más respeta al hombre con todos sus defectos, sobre todo en sus equivocaciones porque le ha hecho libre. Pero ¡qué mal llevamos que los demás se equivoquen! Qué mal llevamos que los demás no piensen como nosotros. Y mientras el ser humano no quiera hacerse imagen y semejanza de un Dios que es un respetador porque es amor –y el amor *todo lo sobrelleva, todo lo admite, todo lo soporta, no lleva cuentas del mal, no se irrita,* mientras no tengamos ese deseo grandísimo de volver a meter a Dios en nuestras conciencias– seguiremos equivocándonos, porque seguiremos jugando a ser Dios.

En una humanidad en la que Dios es desplazado a un segundo plano, en la que no se tiene a Dios ni a sus derechos naturales como el único punto de referencia que puede dar al hombre su identidad seguirá pasándonos siempre lo mismo. Cada vez que el hombre ha dado la espalda a Dios siempre ha sucedido lo mismo. Él se ha erigido en Dios y se ha hecho el juez y el vengador del bien y del mal.

Todos deberíamos preguntarnos qué papel juega Dios en nuestra vida. Hasta qué punto tengo la suficiente humildad intelectual para poderle decir al Señor: «Tú eres quien manda, quien dicta. «Tuyo es el reino, tuyo es el poder», tuya es la venganza, tuya es la justicia, y nosotros sólo en la medida en que reflejamos esa naturaleza tuya seremos humanos». Si el hombre no se diviniza se deshumaniza. Y cuando el hombre se aparta de Dios, cuando una sociedad no quiere vivir con Dios es verdad que al principio se dará muchos golpes de pecho, pero no nos engañemos, estamos en un mundo que fomenta lo que condena. Cuántas veces hemos visto películas, hemos leído novelas en las que se ensalza continuamente la violencia, el juicio, la condena, la exclusión. No nos escandalicemos de este atentado porque creo que cada uno de nosotros tenemos nuestra pequeña parte de culpa. Si cada uno de nosotros, después de haber considerado, rezado y después de haber dejado pasar unos días dice, Señor ¿qué supone esto? deseo hacer un compromiso grandísimo, construir una paz verdadera, no la paz que da el mundo, que es la paz de los poderosos y que someten a los débiles, sino la paz del corazón, que nace del respeto y de la exigencia personal de sobreponerme a mis juicios, a mis pasiones, a mis soberbias.

¿Qué es lo que está fallando? Y la respuesta es muy sencilla. Que el hombre ya no quiere a Dios, y al perder a Dios ha perdido su identidad y su naturaleza. Pensémoslo y que cada uno de nosotros construya en su corazón, en su ámbito, en su parcela, un mundo nuevo donde el respeto –esa imagen y semejanza de un Dios que es el Respetador– sea la causa principal de nuestra conducta.

OMISIÓN

Lc 16, 19-31

Gracias a la magia, todo puede transformarse o desaparecer. Gracias a la fe, el cristiano es capaz de convertir, no en oro, sino en gloria, cada instante o cada acontecimiento que sea vivido en el dolor. Éste es el sentido de la enseñanza de la parábola del rico Epulón que nos narra el Señor en el Evangelio. Cómo el pobre Lázaro, sufriendo a la puerta del rico Epulón, es después recompensado porque supo vivir con serenidad todo su dolor y todas sus heridas

Cada gota de dolor será convertida en un océano de gloria, si lo vivimos en comunión con Dios. Pero ¡qué difícil es! Porque el dolor siempre, para el cristiano, es la piedra de escándalo que le hace dudar del amor de Dios y de la misericordia. Cuántas veces nos hemos levantado contra el Cielo y hemos dicho: «Señor, no es justo. ¿Dónde está la justicia? ¿Dónde está esa mirada tuya que a todos nos cuida y a todos nos sosiega?» Y, sin embargo, la respuesta a esa justicia que tanto anhela el hombre en la Tierra está en Jesucristo. Hay que esperar, hay que fiarse, porque es verdad que hay un después y hay un mañana, y si en la Tierra los hombres se ríen unos de otros, de Dios no se ríe nadie. Dios sabrá dar a cada uno según su conducta y según sus obras. Por eso son motivo de esperanza las palabras de San Pablo: *Es doctrina segura, si sufrimos con Él, reinaremos con Él. Si con Él morimos, viviremos con Él.* Pero la palabra mágica es «con Él», hacerlo todo con Él, vivirlo todo con Él, no escandalizarme nunca de Dios, porque es un Dios que también puede ser el Señor y mi Dios en el dolor, en la injusticia, en el sufrimiento y en la soledad.

Muchas veces es el dolor el «toque» que autentifica el amor, pues es fácil amar al Señor cuando todo es bonanza y estabilidad. Pero sólo los «amadores» de Dios siguen fiándose de Él cuando las contrariedades arrecian.

Así, muchas veces podremos consolarnos e identificarnos con la figura de este pobre Lázaro, que no recibe ni la mirada de compasión de ningún ser humano, pero, sin embargo, no escapa de la mirada compasiva y misericordiosa de Dios. Pero atención, tal vez descubramos que nos identificamos con el rico Epulón, pues no estamos preocupados más que de banquetear y pasarlo bien, y podría ser que no tuviéramos ojos para ver a nuestro hermano sufriente. Porque el pecado de Epulón no fue tanto el banquetear y vestir bien, sino, sobre todo, el no saber utilizar sus bienes, en no tener sensibilidad, en no tener ojos para ver todos los dolores y todas las necesidades que hay en nuestro alrededor.

Y éste es el pecado de omisión. Cuántas personas examinan su conciencia y son capaces de decirse a sí mismos «no soy malo», hago mis rezos, no me enfado mucho ni critico, llevo una vida tranquila y me llevo bien con todos. Pero se olvidan de que Dios pide más, que no basta con ser «bueno» oficialmente. Que nos debemos preocupar de las angustias y las necesidades de todos los hombres si no queremos convertir la palabra «hermano» en algo ficticio. No esperemos a que los demás nos pidan un favor o nos supliquen, para poder ayudarles. Es bonito salir al encuentro de las necesidades de los demás sin que lo noten, sin que nadie lo sepa o lo vea.

Podíamos pedir: Señor, ábreme los ojos. Que yo sepa ver, que yo pueda ver dónde me estás esperando en cada persona necesitada, especialmente en las cercanas que están a mí alrededor, para que no tenga que recibir yo ese reproche que recibió el rico Epulón: *Tú ya lo recibiste todo en la tierra*; es justo que ahora, otros que no lo han tenido y no han disfrutado, estén gozando conmigo.

AUMÉNTANOS LA FE
Lc 17, 5-10

Cuando comprendemos que algo es muy valioso y muy importante, lo rodeamos de medidas de seguridad, de muchos cuidados, para que ningún desalmado pudiera hacer daño, destrozarlo o destruirlo. Esto mismo sucede con la fe, que es un regalo que Dios nos ha hecho. Probablemente el regalo más valioso, porque la fe es la puerta que abre todos los tesoros que Dios quiere entregar al ser humano.

Los apóstoles comprendieron después de vivir un tiempo con Jesús, que lo más importante era tener fe, y le suplicaron: *Auméntanos la fe.* Y esa misma súplica es la que presentamos al Señor: «Que nos aumentes la fe, porque teniendo más fe, estamos más cerca de Ti, y sabemos que la Salvación se va a hacer más cierta en nosotros». Pero claro, el Señor nos contesta: «Sí, yo quiero aumentarte la fe, pero tú tienes que colaborar, tienes que poner los medios».

La fe es una relación con Él de amistad, de cariño, es mucho más que creer unas verdades que aparentemente son verdades muertas. La fe sobre todo es un confiar y un apropiarme, hacer mía o hacer parte de mi vida, toda la realidad maravillosa de Dios.

No basta con decir «creo» a todas las verdades que manda la Iglesia, que claro que hay que decirlo. No basta con decir ni siquiera «confío» en que esas verdades se van a hacer algún día realidad. Sobre todo la fe me lleva a experimentar en mi vida, en cada momento y también en la eternidad, todo el amor de Dios y todas las maravillas que Dios ha preparado para aquellos que, porque han confiado en Él, le aman.

Todos hoy nos debemos preguntar hasta qué punto damos importancia a la fe. Si realmente la fe es lo más importante que hay dentro de nosotros, si la cuidamos, la mimamos y la cultivamos. Así como una semilla que es plantada en la tierra necesita del riego, del abono, del cariño, para que nadie la estropee, así nosotros también estamos llamados a cultivar nuestra fe, a no exponerla a los salteadores que puedan destruirla, a no exponerla al primero que venga a contarnos mil teorías nuevas diferentes, que muchas veces nos llevan a difuminar la fe, o por lo menos a cambiarla y estropearla. Porque muchos son los enemigos de la fe, máxime en estos momentos en que a mucha gente le pone nerviosa la palabra «creyente».

¿Qué estoy haciendo yo para cultivar mi fe? ¿Escucho pláticas o leo libros que me ayuden a afianzar la fe, que me hagan comprender de un modo mejor todas las maravillas de Dios? ¿Recibo con frecuencia los Sacramentos, que son los canales por los cuales la fe se derrama a raudales?

Si tuviéramos verdadera fe se transformaría nuestra vida. Pero somos muy pobres en la fe, porque sabemos que la fe también supone un riesgo, y es que el Señor, al entrar en nuestra vida, tal vez nos pida más. Tal vez nos pida un esfuerzo, tal vez nos quiera llevar más lejos en el perdón, en la reconciliación, en la entrega a los demás. Y claro que la fe muchas veces nos incomoda, porque no es una situación estática, sino que la fe me lleva a ser coherente con esas verdades y con ese amor.

En el fondo, si no tenemos más fe no es tanto por culpa de Dios, que está dispuesto a entregarnos toda la fe que quisiéramos, sino, sobre todo, por un miedo nuestro, a no implicar nuestra vida y a no complicarnos más.

Por eso, ante la súplica: «Señor, auméntame la fe», añade por tu cuenta: «pero que no tenga miedo a tener más fe». Así, con la confianza puesta en Él, y apropiándonos de su mérito, de su esfuerzo, de su gracia, toda nuestra vida quedaría transformada, y la vida de los de alrededor también se transformará.

GRACIAS SEÑOR

Lc 17, 11-19

Todos conocemos el refrán español: «Es de bien nacido, ser agradecido». Y de agradecimiento trata la parábola de los leprosos, pues de los diez que llegaron sólo uno se vuelve, para postrarse en el suelo y dar las gracias a Cristo por su sanación, mientras los otros nueve parece como si no se dieran cuenta.

El Señor valora mucho el gesto de todo aquel que sabe dar las gracias. Pues la gratitud es la expresión más clara del niño pequeño que todo lo recibe, que a nada tiene derecho más que al amor y todo lo considera un regalo. Así lo aprendimos de pequeños.

Pero al hacernos mayores nos estropeamos y pensamos al revés: Todo me lo merezco por lo bueno que soy y lo bien que lo hago. El niño pide con confianza porque se sabe amado, el mayor no pide, exige, y cuando no recibe, se enfada, se cuestiona el amor y empieza a ver el lado negativo de las cosas.

Y así, muchas personas se van volviendo tan negativas que al final sólo ven lo malo. Sólo saben quejarse, como si tuvieran el mandato de ir viendo todo lo malo que hay a su alrededor y además, tener que denunciar a todo el mundo lo mal que lo hace. Esas personas, al final, de tanto ver el mal, acaban también instalando el mal en su corazón. Acaban amargándose y disgustándose y, por supuesto, disgustando a todos los que tienen a su alrededor.

Sin embargo, el cristiano debe reconocer que todo en la vida es un regalo que Dios le ha hecho y por eso la gratitud, el vivir en constante acción de gracias, es su actitud fundamental, la música de fondo de todo lo que hace.

Tal vez siempre me estoy quejando, siempre estoy viendo lo malo, lo negativo y, al final, el estado de tristeza puede invadir mi alma y provocar una verdadera enfermedad; el pesimismo, el mal humor, el desaliento, en definitiva el victimismo, porque al final me convierto en una víctima de la providencia, del mundo, de la maldad de los demás.

Dice algún autor espiritual que el mejor modo de expresar la filiación divina es estar en constante acción de gracias. Así lo decía el apóstol San Pablo a las primeras comunidades cristianas: *Dad gracias, dad continuamente gracias, no dejéis de dar gracias, dad continuamente gracias al Señor.*

Cuántas veces nos hemos dirigido al Señor para suplicarle, para pedirle, para exigirle. Y pocas son las personas que vienen a la Iglesia o que se recogen en oración, simplemente para decir: «Gracias Señor. Gracias de todo corazón por todo. Gracias por las cosas buenas, gracias también Señor, por las que a mí no me lo han parecido, pero sé que en el fondo pueden servir para mi bien o para el bien de los demás».

Preguntémonos todos si nosotros estamos viviendo en esa actitud de gratitud constante, de saber dar gracias al Señor, porque, en definitiva, en el Cielo nos pasaremos toda la eternidad dando gracias a su Misericordia, a su Inteligencia, a su Bondad, a tanto bien que ha sabido derramar en nosotros. El que es bueno al final sólo sabe ver el bien, el que es malo sólo ve el mal y se le enturbia la mirada sobre los demás.

«Gracias Señor por todo. Haz que yo crezca en espíritu de gratitud y viva siempre en clave de amor agradecido».

MISIONEROS

(Domund)

Cuántas veces de pequeños hemos soñado con aventuras, con tierras fantásticas en las que conocer nuevas civilizaciones y nuevas gentes a las que ayudar y acompañar ofreciéndoles lo mejor de nosotros mismos. Y eso son los misioneros, los aventureros de Dios que implican su vida y llegan hasta los confines del mundo para llevar la mejor noticia que ha sucedido jamás en la humanidad, que es el nacimiento, la muerte y la resurrección de Jesucristo.

Cuando la Iglesia celebra la jornada mundial de las misiones, todos de algún modo nos sentimos solidarios, hermanos, e implicados en la misión, en el gran envío que Dios Padre por medio de la Iglesia Católica sigue haciendo después de dos mil años, para anunciar la buena noticia de Jesús el Nazareno.

Siempre, hablar de misionero o misionera, suscita en el corazón del cristiano una profunda admiración, junto con un poco de envidia, porque el valor (que por supuesto es un don del Espíritu Santo) y ese querer dejarlo todo por gente que todavía no se conoce, gente que tal vez ni siquiera reconozcan la labor que están realizando, es algo que de algún modo a todos nos toca el corazón.

La misión nace de las entrañas, del mismo corazón de la Iglesia Católica cuyo único sentido es seguir anunciando a través de la historia a todos los hombres, de todos los pueblos, de todos los tiempos, el mensaje de Jesús de Nazaret.

Por desgracia, llevamos una racha en la cual la Iglesia ha sido tan atacada y maltratada que incluso hasta los mismos misioneros han podido ser cuestionados, cuando todos sabemos, porque los hemos conocido a algunos personalmente, que es gente que con alegría, con ilusión, sin esperar nada a cambio más que el Reino de los Cielos, deja su vida gota a gota y día a día, en los pueblos del mundo entero. Y todo por amor y sólo por amor. El amor es su motivo y su premio. Cuando a la Madre Teresa de Calcuta le comentó una persona que no sería capaz de hacer lo que ella hacía, ni por todo el dinero del mundo, contestó inmediatamente: «Ni yo tampoco. Sólo por amor».

Por un día seamos todos misioneros. Por un día, trasladémos nuestros corazones, ayudemos y apoyemos a todas esas personas que se comprometen con obras y con hechos ciertos a construir un mundo mejor, un mundo más humano y a llevar la buena noticia de una humanidad nueva, de una civilización del amor, porque Jesucristo es sin duda ninguna el elemento más humanizador de la humanidad.

También nosotros desde aquí tenemos que construir la misión y apoyarla. Algunos podrán hacerlo económicamente, pero todos tenemos que hacerlo con el corazón, con las oraciones, con la solidaridad y el acompañamiento espiritual a todos aquellos que día a día anuncian a Jesucristo.

Seamos todos misioneros y vivamos todos esa misión constante que la Iglesia sigue realizando. Tal vez Europa, tal vez Occidente, necesite más misión que nunca, porque mucha gente que vive cerca de nosotros podría no conocer el verdadero rostro de Jesucristo, porque sin querer, algunos lo hemos deformado con nuestros malos ejemplos y nuestra conducta diferente a la cristiana.

Seamos misioneros y pidámosle a Dios que nos ayude a seguir llevando con alegría cada jornada a todos los que tenemos cerca, la buena noticia de Jesús el Resucitado.

LA CULPA

Lc 18, 9-14

A todo aquel que intenta acercarse a Dios le ocurre que cuanto más le conoce más indigno y pequeño se siente. Cuanto más cerca más lejos. En las figuras del fariseo y la del publicano queda expresada esta realidad. Para justificarse hay que acusarse y cuando te acusas quedas justificado.

Mucha gente tiene manía a esa palabra que tantos psicólogos han anatematizado, la culpa. Y es verdad que hay una culpa mala. La de aquel que no hace más que castigarse y recordarse lo malo que es. Y hay una culpa buena, la de aquel que se reconoce culpable a los ojos de Dios y, sin embargo, no pierde la paz ni la serenidad por reconocer que es frágil, que es pobre, esa palabra mágica, la pobreza espiritual, que para el cristiano es una fuente continua de paz.

Aquel que se sabe pecador conoce su condición y nunca se tiene por justo porque no le hace falta, pues le basta con que Dios sea justo y con sentirse cada día bañado y lleno de la justicia de Dios. Así lo afirmamos cada domingo en la Santa Misa cuando proclamamos «Tú solo eres santo» en el himno del Gloria. Lo proclamamos, pero no sé si en el fondo lo creemos: que la única santidad posible en el hombre es acoger en vida la santidad, la justicia de Dios y recordar siempre que es regalada como un don, que no nos pertenece.

El santo es el pobre que acepta que su vida sea completamente protagonizada por Dios, sin olvidar nunca su condición.

Qué bien lo expresa María cuando recibe un «halago» de su prima Isabel: *Proclama mi alma la grandeza del Señor... porque ha mirado la humillación de su esclava.* Es que ella sólo tenía como argumento ante Dios su pobreza y humillación. Nosotros nos equivocamos cuando pensamos que por ser «buenos» tenemos más derechos que otros. Ésa es la gran enseñanza que el Señor quiere transmitirnos. El fariseo se consideraba justo por sí mismo y se creía bueno y porque se creía bueno se comparaba y se veía mejor que los demás. El publicano conocía su fragilidad, conocía su pobreza y no se avergonzaba de ella ante Dios, simplemente se atrevía a decir: «Ten piedad de mí». Y ésa es la «magia», ésa es la gracia de Dios, que precisamente viene de la gratuidad, porque Dios no me va a tratar mejor ni me va a querer más porque yo sea más virtuoso o haga más cosas buenas. Precisamente lo que más le atrae a Dios de mí es mi fragilidad, como una madre quiere más al hijo más débil o al hijo que hace peor las cosas, porque comprende que necesita más de su cariño y su atención.

Por eso, todos deberíamos hoy preguntarnos en cuál de los dos personajes nos vemos más identificados, si en ese fariseo que se cree que es el mejor o si realmente tenemos ese sentido sano de la pobreza, ese sentido bueno de la culpabilidad cristiana, al asumir nuestros errores y decir: «Dios mío, yo no quiero ser perfecto, ni ser mejor que los demás, ni quiero ser más, ni quiero ser más que nadie. Me basta y me sobra con saberme pobre, pero saberme un pobre amado, un pobre querido por Ti. Así, cuando haga las cosas mal, no me espantaré ni me escandalizaré de los demás. Con que Tú seas justo, Tú seas santo y bueno, me basta».

QUIERO VER A JESÚS

Lc 19, 1-10

Siempre me ha costado levantarme por las mañanas, siempre, excepto en algunas ocasiones especiales en las que hay un plan interesantísimo para ese día. Entonces no me cuesta nada y me pongo en pie casi sin despertador. Esto creo que nos pasa a todos: cuando algo nos importa mucho no escatimamos los medios y los esfuerzos para llevarlo a cabo.

Así le sucedió a Zaqueo. Tenía tanto interés en ver a Jesús que intentaba distinguirlo ante el gentío, incluso, sin miedo al ridículo, como un niño pequeño, se subió a un árbol recordando tal vez su infancia y olvidando los achaques de su edad. Y este gesto conmovió a Jesús y provocó una intervención especial de Dios en su vida.

Ya me gustaría que el mismo deseo que tuvo Zaqueo por ver al Señor lo tuviera yo y lo tuvieran tantos cristianos que tal vez hemos dejado que se nos meta la rutina y el «acostumbramiento» en las cosas de Dios. «Quiero ver a Jesús», debería ser la exclamación interior de cada cristiano cuando se dirige a la Santa Misa, o cuando va a orar en su interior, o cuando va a socorrer a un necesitado. Porque ver a Jesús en el cada día, en cada persona, en cada acontecimiento, es una meta que puede ilusionarnos y volver a llenar de sentido nuestras jornadas grises y monótonas.

Y Jesús, claro que se deja ver, claro que se conmueve con los atrevimientos y los esfuerzos que la gente de buena voluntad hace por encontrarle. Pero hay que insistir. Zaqueo no se rindió a la primera, no le importó la opinión de los demás ni el sentido del ridículo. Cuántas voces nos dicen: ¡no luches más! ¡Dios no te oye! ¡No va a actuar en tu vida! ¡Es inútil que te esfuerces! Y hay que decirles a todas esas voces agoreras que no es verdad. Que Dios se sigue conmoviendo contigo y con tu ilusión por verle. Que Dios tiene sed de que tengas sed de Él. Lo hemos oído muchas veces: «El santo no es el que nunca cae, sino el que siempre se levanta de sus caídas». Y yo tengo que levantarme cada día de mis cansancios, de mis desilusiones; y el único que puede hacerlo es el Espíritu Santo, que puede poner en mi alma el deseo de ver a Jesús.

El enemigo del alma siempre intentará provocar en ti la desesperanza, y como consecuencia de ésta, la indiferencia, de tal modo que tu vida parezca que está como tierra abrasada. Pero esta tierra tuya vuelve a germinar con la presencia del Espíritu de Dios, el gran Renovador de todo.

Si no tuviéramos cada día una renovación interior de nuestros sueños y deseos, caeríamos en ese pecado de la indiferencia ante la vida y, sobre todo, ante Dios. Por eso necesitamos al «Renovador» del interior, y hay que pedirle con insistencia: ¡Que nunca me canse de soñar, de esperar!

Llegará el día en que Jesús, como a Zaqueo, te diga: «Baja, porque hoy quiero hospedarme en tu casa». Y a Jesús no le importa que seas pecador o que tu vida sea de pecado. Se conmueve ante tu situación y quiere sanarla y salvarte. Basta con que tengas un poco de interés por Él. Pídeselo.

MUERTE Y VIDA

Lc 20, 27-38

Quién de nosotros, en el mes de noviembre, no ha tenido un recuerdo especial para sus personas queridas que ya marcharon y que pasaron por ese trance que llamamos «muerte». La muerte que nos llena a todos siempre de pena y de dolor, aunque tengamos fe, porque la fe no quita el dolor tras la separación de las personas amadas.

Sin embargo hay que decir que la muerte es ficticia. Siendo una realidad corporal, no es una realidad que afecta a toda la dimensión del hombre. Eso es lo que intenta explicar Jesús cuando le tienden una trampa y le proponen que cuente eso de la muerte, cómo va a ser el más allá. Y Jesús responde que la muerte no es un concepto que entre en la mente de Dios, porque nuestro Dios no es un Dios de los muertos, sino de los vivos.

Para todos aquellos para los que el ser humano es sólo corporalidad, evidentemente la muerte es el final. Sin embargo, para aquellos que afirmamos que el ser humano es persona, que tiene una dimensión muy profunda más allá del cuerpo y de la mente, eso que San Pablo denominaba el espíritu, el alma, sabemos que esa alma no puede ser destruida por nada ni por nadie. Y sabemos que en esa alma se asienta, como cuando se queda en un santuario, la misma Trinidad.

Por eso, en los días en los que recordamos a nuestras personas amadas, tenemos que repetirnos: «Aunque ya no te vea, aunque ya no te oiga, aunque ya no te toque ni te abrace, aunque ya no te disfrute corporalmente, tú estás vivo. No solamente estás vivo en mi recuerdo, en mi corazón, en mis afectos, sino que tú realmente con independencia de mí, estás vivo».

¡Cuántas son las frases y alusiones que Jesucristo, en el Evangelio, hace de la vida eterna!… Y si aceptamos a Jesús de Nazaret, no tenemos que aceptarlo solamente como el fundador de una ética encantadora que nos dice cuatro cosas para que seamos buenos, sino también como el Salvador de la humanidad que viene a remediar todas las tragedias del hombre y, especialmente, ese resumen de tragedias que es la muerte de alguien amado.

Cristo es el vencedor de la muerte y, por eso, en Cristo, todas las muertes quedan resueltas y transformadas en vida, porque creemos que nuestros seres amados están en Dios. Por eso, claro que vamos a los cementerios, ofrecemos la Santa Misa y rezamos con especial intensidad por nuestras personas amadas, porque están vivas y queremos comunicarnos con ellas, porque queremos provocar la comunión plena con ellas. Una comunión, que ni la muerte siquiera es capaz de romper, porque en estos días les decimos casi a gritos que os seguimos recordando y amando, que seguís formando una parte esencial de nuestra vida, y que a través de ese puente que es Cristo y a través de la Eucaristía, que es esa señal y esa realidad de Dios encarnada, podemos encontrarnos con vosotros.

Tenemos que pedirle a Jesús que nos enseñe a vivir en esa nueva dimensión a la que tan poca gente se asoma que es la dimensión espiritual, porque a veces estamos tan perdidos y tan distraídos con los sentidos, que nos olvidamos de la dimensión espiritual, a través de la cual, sí se puede establecer una verdadera comunión con las personas amadas.

PERSEVERANCIA

Lc 21, 5-19

Cuando los niños son pequeños quieren que todo suceda ya, y, así, cuando plantan un pequeño árbol o ponen una semilla en la tierra, muchos se quedan sentados esperando a ver cómo crece, como si todo tuviera que ser instantáneo.

Cuando nos vamos haciendo mayores comprendemos que hay cosas en la vida que necesitan del tiempo y cosas en la vida que, además de tiempo, necesitan nuestra perseverancia. Y ésta es la palabra que centra toda la reflexión. Cristo llega a asegurar que con nuestra perseverancia se producirá la salvación de nuestras almas. Y es una palabra que no se escucha mucho en el lenguaje de la gente más joven y, sin embargo, es esencial para nuestra vida. Perseverar es lo mismo que ser fiel. El Papa decía de un modo maravilloso que la fidelidad es «el nombre del amor en el tiempo».

Así, Cristo espera nuestra fidelidad, espera nuestra perseverancia que consiste en que no nos cansemos de amarle, de esperar en Él, de creer en Él, aunque todo el mundo y aunque todas las circunstancias nos inviten a desconfiar, a tirar la toalla o a rendirse. Perseverar en nuestros amores, en las amistades, perseverar sobre todo en nuestros valores, en nuestra comunión con la Iglesia, en los Sacramentos, en la vida de oración. Perseverar, en definitiva, en la entrega a aquellos a quienes un día prometimos, interior o exteriormente, que nunca nos cansaríamos de amar.

Cuando uno hace una carrera muy larga, especialmente en los maratones, y es un poco novato, se cree que pronto se va a cansar y, sin embargo, si persevera, si continúa y no se rinde, es muy posible que llegue hasta el final.

Dicen que vivimos en una época de inmadurez, en un momento en el que la gente tiene miedo a los compromisos. Con miedo al compromiso y a la perseverancia, ¡qué difícil es que el hombre llegue a completar o a desarrollar todas las cualidades que Dios ha puesto en su ser! Precisamente es la perseverancia la que completará, la que llevará a término, la que llevará a la totalidad todo aquello para lo cual hemos sido hechos.

Con motivo de esta reflexión, todos podríamos suplicar al Señor: «Que yo no me canse, que precisamente lo que el mundo quiere es que yo me canse, que no mude mis amores, que sea fiel». Pero con una fidelidad que se apoya, no en la fuerza del hombre, sino en la fuerza de Dios. Porque no es la fidelidad del voluntarismo, sino de la humildad, que es la fuente de la fidelidad del hombre. En la medida que el hombre se agarre a Dios desde la humildad y sepa apoyar su fidelidad en la Fidelidad de Dios, es como conseguirá esa perseverancia.

Pidamos al término del año litúrgico que el Señor nos conceda a todos el don de perseverar, de terminar las tareas que comenzamos, de ser fieles y no cansarnos nunca de amar a aquellos a quienes prometimos algún día que siempre les querríamos.

REINA EN MÍ

(Fiesta de Cristo Rey)

Lc 23, 35-43

Joyas, oro, coronas, palacios, poderes y ejércitos son las cosas que siempre hemos vinculado a la palabra realeza, especialmente en el pasado, cuando los reyes eran aquellos que ostentaban el poder, sobre todo un poder a través de la fuerza y a través del dominio.

Qué diferente es el concepto de realeza que tenemos los humanos al concepto de realeza que la Iglesia y el Evangelio nos presenta de Jesucristo, porque efectivamente a Él le preguntan: *¿Tú eres rey?* Y Él dice que *sí, aunque su reino no es de este mundo.*

Jesús se nos presenta como rey desde la cruz. No trae consigo ni palacios, ni oro, ni coronas, ni joyas y, sin embargo, es más Rey que ninguno de los reyes que han existido en la historia. Porque verdaderamente el Padre ha querido entregar toda la creación a Jesús, y Él es el verdadero Rey de todo el universo. Algún día comprenderemos cómo toda la creación, toda la belleza de Dios, ha sido hecha desde la mente de Cristo –que es el conocimiento que tiene el Padre de sí– por medio del Espíritu Santo. Pero, sobre todo, que Jesucristo sea el Rey del universo significa para mí que Jesucristo es mi Rey, es aquel a quien yo he querido entregar el señorío sobre mí, de quien yo he querido que toda mi vida dependa. Cada uno de nosotros tenemos que preguntarnos si tal vez no hayamos hecho muchas veces como aquellos judíos que le rechazaron diciendo: *No queremos que sea nuestro rey, que nuestro rey sea el César.*

«Que Cristo sea Rey», así lo propuso la Iglesia al principio, en el primer sermón de San Pedro: *Jesús vive y es el Señor.*

Decir Señor o decir Rey es lo mismo, y por eso, Cristo tiene que reinar. Tiene que reinar en mi corazón, pero sólo va a reinar si yo le dejo, porque Él no se impone por la fuerza. Él no se impone ni por las armas, ni por el miedo, ni por el castigo, sino que solamente se impone por el amor. Él sólo quiere reinar si tú le abres las puertas, si tú eres capaz de decirle: «Quiero que reines en mí».

Reinar en ti significa dejarle que Él escriba tu historia, no rebelarte ante su voluntad, aunque a veces la voluntad del Rey tenga forma de dolor o de cruz. No tenemos por qué entender todos los designios del Rey, Él sabe más. Significa decirle: «Yo quiero que Tú reines, que seas mi Rey; el Rey de mis emociones, de mis sentimientos, de mis miedos, mis sueños, el Rey de mi vida».

Pidámosle a Cristo que reine en nosotros, en nuestros corazones, que reine en nuestras vidas. Que Cristo reine en todos mis actos, y para eso tendremos que abrir las puertas al Rey. Él quiso entrar en Jerusalén manso, sencillo, humilde y entrará así, también a través de la humildad y de la mansedumbre. Cuántas veces los salmos dicen: *Abridme las puertas del triunfo*, o cuántas veces: *Portones, alzad los dinteles, va a entrar el Rey de la gloria*. Cristo sigue llamando a la puerta de los corazones y sigue preguntando: ¿Me dejas reinar? ¿Me dejas que Yo sea tu rey? ¿Me dejas que Yo gobierne tus actos y quieres definitivamente confiar en Mí y saber que Yo te voy a conducir, como buen pastor, por praderas de hierba fresca, por fuentes tranquilas? Que aunque camines por cañadas oscuras no tendrás que temer, porque tu Rey y tu Señor te cuidará y te protegerá. Deja de ser tú tu propio rey y deja que Cristo reine. Entrégale tu reino, tu voluntad, todo lo que tú eres. Déjalo en sus manos y veras que paz tan grande visitará tu corazón.

TE BUSCO A TI

Mt 24, 37-44

Estamos muy equivocados. Siempre hemos pensado que el hombre ha sido un buscador de Dios, que siempre ha ansiado el infinito, la plenitud, que siempre ha buscado la felicidad y por eso ha buscado a Dios, pero no es así. Es Dios mismo el que ha buscado al hombre. Es Dios mismo el que generación tras generación ha puesto en los corazones de todas las personas de buena voluntad esa sed de Él y, así, debo salir al encuentro de un Dios que me busca, que viene a por mí, que me está diciendo constantemente: «Ten cuidado, no seas frívolo ni superficial, sé consciente. Porque no eres tanto tú el que me buscas a Mí, cuanto Yo el que te busco a ti».

El grito de Jesús a su pueblo es: «Velad, estad pendientes, estad atentos, no os distraigáis, porque cuando menos lo penséis, Dios va a venir». Dios viene, por supuesto, en cada acontecimiento y en cada persona, pero va a venir especialmente en la Pascua de la Navidad, a la cual ya miramos con cariño y con esperanza.

En estos días, en muchas calles se encienden miles de luces y bombillas, que anuncian una alegría especial. Y ya todos comenzamos a rezar por una Pascua nueva, un paso de Dios por nuestras vidas, que arroje una nueva luz a las realidades cotidianas. No tanto que cambie las cosas por fuera, sino por dentro, sin caer en el error de pretender tener un hogar idílico, un hijo idílico, una situación de ensueño que sólo existe en los anuncios y en los cuentos, fruto de la fantasía de los hombres. Mi vida es la que es, con sus luces y sus sombras, y a esa vida quiere venir Jesús, y en esas sombras y dolores tuyos quiere nacer.

Que seas muy consciente que Dios sigue llamando a las puertas como en Belén, que la historia se vuelve a repetir, que la luz vino a las tinieblas y las tinieblas no la quisieron recibir. Que Jesús llegó a su pueblo y sus habitantes le cerraron las puertas porque no tenían sitio ni tiempo para ocuparse de alguien tan sencillo como un peregrino y una pobre mujer. Es así generalmente como suele manifestarse Dios, en la sencillez, la discreción, en el acontecimiento menos importante o menos rimbombante, pero ahí está escondido Dios.

Hoy tendríamos que pedirle al Espíritu Santo una sensibilidad para no consentir que nuestras navidades se conviertan en un asunto gastronómico y comercial, sino, sobre todo, que la Navidad sea esa feliz Pascua, o felices pascuas, que siempre nos hemos deseado los cristianos. Luchemos contra esta sociedad del consumo que quiere invertir el orden de los valores y quiere transformar la Navidad en una visión idealista y materialista del bienestar.

Jesús sigue llamando y viene a tu encuentro. ¿Serás tú de los pocos que le abran la puerta el día veinticuatro, o te encontrará tan ocupado en guisar, en vestirte, en reunirte con tu familia –la de la Tierra– que no tendrás tiempo de dedicarle ni un instante, ni un minuto? Por eso, prepárate bien para su venida. Prepara tu corazón. Arregla las cosas para que, cuando llegue el Rey, tú puedas escucharle, adorarle y agradecer a Dios esa solidaridad y esa delicadeza que ha tenido con la humanidad; venir a nuestra tierra, a nuestra pobreza, a nuestra indignidad, para elevarnos hasta Él.

EL DESIERTO

Mt 3, 1-12

Cuando Dios ha querido tener un encuentro especial con su pueblo ha sido en el desierto, porque el desierto significa huir del ruido, y entrar en ese silencio en el que solamente se pueden escuchar dos voces, la voz del interior del corazón y la voz de Dios que habla al interior del corazón. Por eso Juan el Bautista quiso predicar en el desierto, en un lugar donde la gente podía huir de las prisas, de los afanes y de los ruidos de cada día, y encontrarse con ese silencio tan elocuente y tan sonoro, en el que se puede escuchar realmente la voz de Dios.

Y así, todos deberíamos preguntarnos si estamos dando a cada uno lo suyo, si estamos dando a Dios lo que es de Dios y somos capaces de dedicarle un tiempo de oración, de reflexión, de silencio para poder escucharle. Si estamos dando en el trabajo profesional, no solamente los réditos y las cuentas que esperan de nosotros, sino el trato cordial, el trato humano, esa justicia que debemos vivir y, sobre todo si estamos dando en la familia a los demás, lo que cabe esperar de nosotros.

Muchas veces nos podríamos preguntar qué es lo que me reprochan en casa, qué es lo que los demás echan de menos en mí. Piensa tal vez en la última discusión, en la última diferencia de opinión que tuviste con los tuyos, qué es lo que te pedían. Y aunque te pueda parecer que es injusto y no te comprenden, que no tienen razón, piensa qué es lo que hay de fondo. Porque no hay mejor modo de preparar el paso del Señor, la limpieza de corazón, que el querer dar a cada uno lo suyo.

Escápate de los sentidos que te alborotan, de los problemas, de todas las cosas que tantas veces te llenan el corazón de prisas, de ansiedades y de problemas, y céntrate por un momento solamente en tu Dios, y dile y pídele, que te enseñe y que te diga qué es, ese fruto de conversión que Él espera de ti para que sea Pascua de Navidad, para que realmente Cristo pase por tu vida.

El mensaje de Juan, aunque pueda parecer duro e insultante en algún momento –es capaz de llamar raza de víboras a los fariseos, que eran los más religiosos de su tiempo– es un mensaje de purificación, porque todos sabemos que al realizar el camino de la vida se llena uno de polvo, de cosas que se le han ido a uno pegando sin darse cuenta y es necesario llegar con un corazón limpio, con un corazón nuevo, con un corazón para estrenar, para que Jesús lo estrene. Tal vez, el paso de los años, los problemas, las enfermedades, los disgustos, los desencantos, los desengaños, te han dejado un corazón viejo, que ya está de vuelta de todo y crees que lo sabe todo y, sin embargo, el Niño trae la novedad de vida, de ilusiones, el porqué de volver a empezar, esa palabra mágica que es la esperanza, que es pensar que Dios todo lo puede hacer nuevo.

Vamos a acercarnos un momento al desierto. El desierto lo puedes hacer en cualquier lugar, si eres capaz de escaparte y de sacar un tiempo para ti y para tu Dios, y en ese desierto escuchar la voz que grita: «*Preparad el camino al Señor.* Preparad el corazón al Señor. Quitaos todo aquello de encima, que sabes que te está haciendo daño a ti y que está haciendo daño a los demás, y bloquea la entrada al Señor. Abrid sin miedo las puertas a Cristo, y abrid sin miedo las puertas a esa luz que va a enseñar dónde están las telas de araña y las pelusas o las cosas que, con el paso del tiempo, se han ido poniendo en tu corazón».

Haz desierto. Atrévete a encararte con el desierto y a escuchar la voz que Dios puede pronunciar sobre tu vida. Dios mío, qué hay en mí que no te agrade. Señor, qué es lo que los demás tienen derecho a esperar de mí. Qué es lo que los demás me están reclamando, y tal vez ésa sea la mejor penitencia, la única penitencia que Dios pida para ti en estos días.

ALEGRAOS

Mt 11, 2-11

Ante las noticias de la televisión, muchas veces tenemos que apartar la vista, porque nuestra sensibilidad no es capaz de asumir tantas imágenes de horror y de desgracias que nos transmiten los medios de comunicación de esta aldea global en que se está convirtiendo el mundo. Y no solamente las noticias que nos afectan de fuera, sino las noticias de dentro; las divisiones familiares, los disgustos, los fracasos. Vivimos unos momentos en los cuales la pena, la depresión, la inestabilidad emocional, esos «bajones» que a todos nos dan, nos amenazan con uno de los peligros más grandes que puede afectar al alma humana, que es la enfermedad de la tristeza, esa parálisis espiritual que me lleva a perder la esperanza, la ilusión, a no tener ya casi ganas de vivir la vida porque creo que todo lo he visto y todo lo conozco.

Frente a todo este mundo de desolación y de tristeza, la Iglesia se atreve a gritar: «¡Alegraos!» Porque los hombres sí tenemos un motivo verdadero de alegría, que no es la risa fatua ni la diversión que dura unos momentos a modo de anestesia para olvidar los problemas. No se trata de evadirse de los problemas ni de huir de ellos para encontrar la verdadera alegría, sino que la fuente de donde brota la alegría del cristiano, es la de un Dios que se apiada de nosotros y nos visita, que quiere hacerse solidario de nuestras penas para llenarnos de esperanza.

El grito de alegría de la Iglesia, hoy tiene que llegar a todos nuestros corazones. Pero ¿yo puedo estar alegre en mis circunstancias, con mis problemas, con mi tragedión familiar, con mi fracaso personal, con mi limitación, con mi enfermedad, con mi esperanza de vida? ¿Tengo yo derecho a la alegría? ¿Por qué, Señor, me embarga tantas veces esa tristeza y no soy capaz de superarla? Sin embargo, es un momento oportuno para que distingamos entre lo que es tristeza y el dolor. Es verdad que muchos acontecimientos de la vida nos provocan un intensísimo dolor, sobre todo ese dolor que nace del amor por las personas queridas, pero el dolor es diferente a la tristeza, porque el dolor nace del amor, y la tristeza nace de la falta de confianza en Dios. De un Dios que puede transformar, que puede salvar, que no me va a arreglar, a lo mejor, una situación concreta en la vida pero que me acompaña en ella, y me dice: «A pesar de todo, descubre la belleza que puede haber en ese dolor. Descubre que yo estoy incondicionalmente a tu lado, tanta hermosura que yo he dejado en las personas que te acompañan en tu propio dolor o en tu misma soledad, que es muy sonora cuando la sabes rellenar conmigo». Por eso, sabemos que en el fondo de todas las tristezas está la soledad de un hombre que no es capaz de descubrir a Dios en ese mundo del dolor en el cual Él ha querido encarnarse y ha querido nacer, en el que ha querido hacerse un niño frágil y pequeño.

El salmista afirma: *Que se alegren los que buscan al Señor*, y así nosotros también deberíamos saber que en todo podemos buscar al Señor y no a nosotros mismos, porque en el fondo, muchas de nuestras tristezas, de nuestras penas, vienen cuando buscamos nuestros propios planes, cuando perseguimos sólo nuestros propios sueños, nuestros propios intereses, nuestros propios deseos aunque sean buenos, y a lo mejor el Señor ha decidido cambiar tu historia, y tú no lo aceptas.

Sólo cuando se busca la voluntad de Dios y se acepta, sólo cuando uno se abraza a esa voluntad de Dios, es capaz de tener el dolor con paz, y desde ahí engendrar la alegría.

ESTRENAR CORAZÓN

Mt 1, 18-24

En la vida pasan oportunidades como pasan los trenes. Perder una gran oportunidad siempre llena el alma de pena y de desazón, y eso fue lo que sucedió a los habitantes de Belén cuando perdieron la oportunidad de alojar en su casa a la Sagrada Familia, y que fuera su hogar donde naciera el Verbo Encarnado. Todos decimos ¡qué tontos y qué ingenuos los habitantes de Belén!, porque no supieron recibir a Jesús en su casa. Pero, de algún modo, los habitantes de Belén somos todos aquellos que, sabiendo que Jesús quiere volver a nacer, no estamos dispuestos a que entre en nuestros corazones, en nuestras casas. Porque la Navidad es un Misterio que, siendo histórico es a la vez actual. Es un misterio que, realizándose una vez en el tiempo, se sigue realizando real y espiritualmente en nuestro propio tiempo y en cada año. No solamente recordamos sino que hacemos real y presente el misterio de la Encarnación del Verbo de Dios.

Navidad no es tanto la luz, el color, la risa, sino, sobre todo, un Dios que ha querido nacer en mi pobre portal, que ha querido reposar en mis pobres penas, en mis pobres ilusiones, en mi pobre vida, porque es un Dios que quiere nacer en la pobreza. Sólo aquel que se reconoce y se sabe pobre y está dispuesto a que Dios nazca en su propia pobreza y no se avergüenza de ella ni la esconde o la disimula está dispuesto a abrir el corazón para que sea Navidad.

Pregúntate con toda sencillez: Dios mío, ¿cuáles son mis pobrezas? Cuáles son mis limitaciones, esos sueños que no he llegado a conquistar, esos defectos que tanto me humillan, o que incluso hacen daño a los demás. Y te pido que vengas, que nazcas, que provoques el misterio de la Navidad en mi vida, que yo sea portal de Belén y lugar donde la gente te pueda encontrar. Que al asomarse a mí los demás, encuentren incluso en mi debilidad esa humildad, esa fragancia tuya, ese buen olor que dejas en las almas que tú quieres visitar.

Navidad y novedad son hermanas que se dan la mano, pues recordamos y celebramos que vino al mundo una vida nueva, un nuevo niño que trajo a las personas que le conocieron la posibilidad de dar un nuevo sentido a todas las cosas. No que sucedan cosas nuevas, sino teñir de novedad lo de cada día, mi «sí» renovado a mis amigos, a mi familia, a mi gente, e incluso a mi historia y a mi persona. A todos nos ilusiona la novedad, el estreno. Y Navidad es tiempo de estrenar corazón, de estrenar ilusiones, de renovar mi actitud ante la vida y los acontecimientos que la jalonan.

Cuántos deseos de Navidad tenemos que tener y cuántas veces tenemos que quitarnos de encima todas aquellas mentiras sobre la falsa Navidad que nos ofrece el mundo, que nos ofrecen los demás. No es verdad que Navidad sea todo tan ilusorio y todo tan maravilloso.

Sólo será Navidad si tú abres tu propio portal de Belén, tu propio corazón y estás dispuesto a que Cristo nazca ahí. Ojalá que de tu corazón surja estos días esa súplica que la Iglesia ha hecho suya: «Ven Señor, no tardes en venir». Necesito que cada día del año sea Navidad, que cada día del año saques lo mejor de mí mismo y lo pongas a disposición de los demás. Necesito que mi vida tenga un sentido y que el sentido de esa vida sea que yo sea un lugar de encuentro para los demás contigo.

¡QUÉ REGALO!

Mt 2, 13-15

Son muchas las cosas que no podemos elegir en la vida, y entre ésas, está la familia en la que nacemos o en la que vivimos. Así, a fuerza de acostumbrarnos y a fuerza de vivir cada día en ella, podríamos dejar de dar importancia y valorar esta realidad tan maravillosa que es la familia. La familia que me ha sido dada, la mía, la que yo tengo que vivir.

Tan importante es, que cuando Dios quiso venir a la tierra, quiso hacerlo a través de la familia, porque Él mismo –así lo dicen los teólogos hoy en día– es familia, porque la Trinidad es un misterio familiar de donación de vida.

La Iglesia propone a todos los cristianos el modelo de la Sagrada Familia para que nosotros nos veamos en ella, para que pensemos que no se trata de llegar a una situación de perfección, sino sobre todo comprobar cómo la Sagrada Familia en medio de tantas dificultades, persecuciones y problemas, supo estar cerca del Señor y estar muy unida a Él.

La familia es causa de gozo y dolor para todos nosotros, porque precisamente es donde las personas más queridas nos dan la alegría más grande y también la pena más intensa. Precisamente por eso, porque les queremos, muchas veces es en la familia donde se muestra con más claridad las fragilidades, las negligencias, las faltas de todos nosotros. Sin embargo, qué escuela de vida tan maravillosa es la familia. El Papa la definía como «la comunidad de vida y de amor incondicional, donde el ser humano es amado por lo que es y no por lo que tiene».

Es verdad que vivimos unos momentos en los cuales se nos valora por lo que tenemos, «tanto vales, cuanto tienes» y, sin embargo, en la familia, a las personas no se las quiere por lo que tienen, sino por lo que son: porque eres mi hermano, mi hijo, mi padre y eso es una cosa que nunca podré renunciar a ello. Me ha sido dada y agradezco este don tan grande.

Hoy es un día para pensar que esa familia que yo tengo, con sus defectos, sus deficiencias y sus limitaciones, es el lugar donde Dios ha querido que yo venga a la vida y donde ha querido que yo me santifique, madure y crezca, y es mi camino para ir al Cielo. Por eso tengo que bendecir a Dios por la familia que tengo. Todos conocemos el refrán: «En todas las casas se cuecen habas, y en la mía calderadas», ya que todos pensamos a veces que nuestra familia puede ser la más difícil y la peor, la que tiene más dificultades, sobre todo si nos comparamos con las de alrededor, de las cuales sólo vemos la fachada, pero nunca el interior. Hay que luchar contra esa idea negativa de la familia, ya que es un lugar maravilloso donde el ser humano crece, donde se hace más humano, donde aprende a amar y a entregarse a los demás, incluso a pesar de las dificultades que éstos puedan poner.

Por eso, qué buen propósito sería en estos días navideños valorar más nuestra familia, sabiendo que es la empresa más importante que tenemos que realizar en nuestra vida y que hay que sacarla adelante con mucha más energía que todas las empresas que nos puedan aparecer, porque al final de la vida, sólo queda la familia y sólo importamos a la familia.

Intentemos luchar por sacarla adelante, intentemos entregarnos del todo a aquellos que nos han sido dados como parte de nuestra existencia, no cayendo en el error de dejar lo mejor de nosotros mismos para los de fuera, y lo peor para los de dentro.

TU DIGNIDAD

Mt 3, 13-17

Todos sabemos que Cristo no tenía ninguna necesidad de recibir el Bautismo. Sin embargo quiso aprovechar esa circunstancia, no solamente para darnos un ejemplo de humildad, sino que sirvió también como manifestación de la Trinidad, con la voz del Padre, la presencia del Espíritu, para darnos a entender que el Bautismo realiza la inhabilitación de la Trinidad en todo aquel que recibe el agua salvadora y sobre el cual es pronunciada esa frase maravillosa: *Éste es mi Hijo amado, éste es mi predilecto.*

Cuando celebramos la fiesta del Bautismo del Señor es un día para que todos recordemos y agradezcamos ese sacramento del Bautismo que recibimos muchos de nosotros en nuestra infancia, como el mejor de los regalos que nuestros padres y nuestra madre la Iglesia nos pudo hacer al comenzar la vida.

Valorar el Bautismo es ser consciente que se sembró en nosotros una semilla, que si la cultivamos y la cuidamos, crecerá y se hará un gran árbol que dará frutos de vida que alimentarán a los demás.

El apóstol San Pablo a los primeros cristianos les llamaba «los santos» porque al estar bautizados era consciente de que la semilla de santidad ha sido puesta ya en el corazón de los hombres. Así también nosotros deberíamos respetarnos y llamarnos unos a otros «los santos», porque esa santidad de Dios reposa en nuestra alma. Hemos sido constituidos templo de la Trinidad y tenemos que saber ser templo abierto para que los demás, al tratar con nosotros, puedan tratar con el mismo Dios.

Qué desolador es encontrar las Iglesias cerradas cuando uno tiene necesidad de encontrarse con su Dios. Qué gusto da cuando uno encuentra una Iglesia abierta para poder rezar y hablar con el Señor. Así, igual de desolador es encontrarse al cristiano con las puertas cerradas, que no quiere transmitir a Dios, que no quiere transmitir a nada, sino que está encerrado en sí mismo.

Por eso, tener las puertas y las ventanas abiertas para que los demás puedan entrar, participar en nuestra intimidad, y poder dejar ellos también su intimidad en nuestro corazón, de algún modo es querer vivir ese Bautismo y querer que los demás puedan percibir los frutos de ese Bautismo, que están en nosotros.

¡Cuánto don ha sido puesto en nuestras vidas! Cuánto mimo y cuánto cariño ha puesto Dios en nuestra historia, aunque nosotros muchas veces percibimos solamente lo negativo y olvidemos que Dios con su gracia nos hizo imagen de su hijo Jesucristo. Toda la fuerza del Espíritu Santo está en nosotros, y somos los hijos predilectos del Padre.

El Bautismo nos tiene que ayudar a vivir esa filiación divina que es saber agradecer al Padre que nos ha dado todo; nos ha dado la vida, la fe, la familia y tantas cosas. Por eso, Dios mío, que yo sea muy consciente de la dignidad tan grande que yo tengo. Decía el Papa San León Magno: «Reconoce, cristiano, tu dignidad». Que seas consciente de quién eres, y que la dignidad ha querido reposar en ti y morar en ti. Aunque a ti te parezca que eres una basura y que eres lo peor del mundo, a Dios no le importa ni te hace ascos.

Comprende que en medio de esa fragilidad tuya está Dios habitando dentro de ti. Cuando busques a Dios lo buscarás en el Cielo y estará. Lo buscarás en las Iglesias, especialmente en el Sagrario, y estará. Pero, sobre todo, búscalo en el fondo de tu alma, búscalo en ese santuario que quedó edificado desde el día de tu Bautismo y ahí podrás encontrarte con tu Dios, disfrutar de Él, y gozar de un Dios que se llamó Enmanuel, es decir, Dios siempre con nosotros.

Ojalá que hoy todos los cristianos queramos renovar ese sacramento bendito que es la fuente de todas las gracias, que sepamos vivir en ese templo que somos de Dios, y que queramos allí, no solamente encontrarnos con Él, sino hacer que los demás se encuentren con Él en nosotros.

HACED LO QUE ÉL OS DIGA

Jn 2, 1-10

A todos se nos gastan las «pilas». Es algo que muchas veces hemos comprobado en nuestra vida, cuando después de un tiempo largo de esfuerzo y de lucha, las cosas parece que empiezan a perder sentido y nos cansamos. Esa ilusión inicial con que comenzamos la tarea, si no se tiene cuidado, se puede ir convirtiendo en rutina, e incluso en hastío y desesperanza.

Algo parecido les pasó a los novios de Caná, cuando dieron sin medida lo que tenían y se les gastó el vino. Se dieron cuenta que habían calculado mal y sólo les quedaba agua, pura y simple agua. Pero supieron a quién recurrir, a quién pedir consejo, porque entre sus invitados había una mujer discreta y sensata, que inmediatamente les llenó de sosiego: María.

¡Qué grande es María, siendo tan pequeña y silenciosa! Ella sí que sabe hacer intervenir en nuestras vidas el poder y la fuerza de un Dios que muchas veces se esconde, y parece como si quisiera pasar desapercibido. Se le ha llegado a llamar la Omnipotencia suplicante, porque todo lo que María pide es escuchado y amado por Dios. Y el método de María es muy fácil, y a la vez difícil: «Haced lo que Él os diga». Porque ella sabe que aquel que es capaz de escuchar en su interior la voz de su hijo Jesús, e intentar ponerla por obra, siempre saldrá adelante.

Esto es especialmente importante cuando en nuestra vida se nos gastan las «pilas». Perdemos las fuerzas, la esperanza, la ilusión, y parece que la monotonía y la rutina es la dueña de nuestro tiempo. Es el momento de recurrir a María y ella nos enseñará a poner ante su Hijo esas carencias nuestras, esos fracasos, esas desilusiones, e incluso esos errores que nos pueden torturar y hacer daño.

Sólo Jesucristo es capaz de transformar nuestra agua en un vino nuevo, capaz de volver a darnos alegría e ilusión por las cosas. Simplemente hace falta que seas capaz de poner ante Él tu vida, y desear sinceramente hacer lo que te diga. A veces te pedirá sosiego y que des tiempo al tiempo, otras veces Él mismo te cogerá de las manos y te levantará de tu postración, diciéndote: «Ánimo, te ofrezco un futuro nuevo, un vino nuevo para tu vida. Te queda mucha belleza por ver y por hacer para los demás, me tienes contigo, basta con que seas consciente de ello y pidas fe».

Porque la fe en la fuerza y el poder de Dios es esencial. Sólo cuando nos convenzamos que el Señor es el verdadero motor de nuestra vida, que Él siempre da primero lo que luego nos pide, entonces acometeremos las cosas importantes de nuestra vida.

Hay que cargar las pilas. Lo importante es saber dónde, porque mucha gente hoy en día recurre a la evasión, al olvido temporal e incluso a las pastillas, para querer recobrar unas fuerzas que se han gastado en el camino, y todo ello no está mal. Pero hay una fuente siempre abierta, la fuente de la Vida, que al acercarte a ella y probarla, transformará tu agua en vino. Esa fuente es Cristo, y está en su Palabra, en la oración, y especialmente en la Eucaristía. No tengas miedo de acudir a la fuente con toda la frecuencia que necesites, aunque para ello tengas que gastar un poco de tu tiempo y elegir entre el Señor y otras actividades. Haz la prueba de orar, de escuchar y leer despacio su Palabra y, sobre todo, de recibir con frecuencia la Comunión o el Sacramento de la Reconciliación. Pero no te olvides, quien mejor te guiará es la mano sencilla y cálida de María.

ÍNDICE

ÍNDICE

Se terminó de imprimir este libro

Para andar con Dios por casa

en Gráficas Confía S.L.L.

el 13 de junio de 2002

Festividad de San Antonio de Padua